9.11の謎

世界はだまされた!?

「9・11」の謎——世界はだまされた!?——◉目次

Cover Desigin　鈴木 恵
DTP　中村禎宏

序章

二〇〇一年の衝撃以降、「9・11の謎」は、米国のマスメディアでは市民権を得てはいないようだ。そこでは事件についての政府による公式発表の枠を超えた報道は事実上タブー視されているのみならず、「陰謀論者」(conspiracy theorist)などという胡散臭いイメージを伴ったレッテル貼りの対象になっている。同国東海岸の有力紙に一種の「ブランド信仰」をもっているわが国報道機関の外信部も同じだ。

だが「9・11」の特異点とは、かつては想像もできなかった「ハイジャック機による超大国中枢への攻撃」という形態だけにあるのではない。それ以上に、巨大な衝撃性と歴史に記されるであろう重要性に比べて事件の公的調査が極端に限定され、しかも報道が驚くほどに独自性を欠如させているという不自然さにある。そこでは公式発表を揺るがせるような重要事実が発覚しても、それに見合ったような扱いをされることは稀である。

その一例を挙げよう。FBIのホームページには、ビン・ラディンが「最も重要な指名手配者」として掲載されている。だが、その理由として以下のような説明しか記されていない。

「オサマ・ビン・ラディンは一九九八年八月七日におけるタンザニアのダル・エス・サラームとケニアのナイロビの米国大使館爆破事件に関連して指名手配されている。これらの攻撃で、二〇〇人を超える人々が亡くなった。加えてビン・ラディンは、世界中の他のテロ攻撃の容疑者である」

つまり、米国民にとって一夜で恐怖と憎悪の代名詞として深く刻まれるきっかけになった

「9・11」がなぜか触れられてはいないのである。このため、米国のジャーナリストであるエド・ハス氏が二〇〇六年五月、FBI本部に電話し、広報官になぜ「9・11」との関連性が明示されていないのか問いただした。すると驚くべき回答が返ってきた。

「オサマ・ビン・ラディンは、正式に『9・11』に関係して起訴されたり、告発されたりしてはいない。なぜなら、FBIはビン・ラディンが『9・11』に関与したとする確固たる証拠を有してはいないからだ」(注)

事件から五年後のいまになって「証拠を有してはいない」と言い出されても、容易に納得はできないはずだが、これほどの事実でも米国でマスメディアが大きく取り上げたという話は寡聞にして知らない。いうまでもなく日本でも違いはない。

これは一例だが、一般に首謀者として当局から断定された容疑者が、他ならぬ当局自身によって途中からそう断じる「証拠」が不確かだったと宣告されたのなら、事件そのものが根本的な再検討を余儀なくされるはずだ。しかも、後述するが「9・11」の「実行犯」とされる一九人のアラブ人も同様に証拠不在である。にもかかわらずマスメディアはこれについて沈黙を守り、それに助けられてか米国の軍事・外交政策において「9・11」が占める位置は現在まで不動のままである。

ブッシュ政権は二〇〇一年一〇月、ビン・ラディンが「9・11」の首謀者だから捕らえるという名目で、アフガニスタンに武力侵攻した。その前に旧タリバン政権は「ビン・ラディンが事件に関与していたとする証拠」の提示を求め、関与が証明された場合には「イスラム圏内の第三国における裁判の可能性」を言明するというごく常識的な対応をしている。だが今日に至るまで、米国側からの証拠提示は一切ない。

それどころかブッシュ大統領は同年九月二七日の記者会見で、記者団から「ビン・ラディンとアル・カイダとその他の者たちの関与についてあなたが持っているいくつかの証拠を概観したペーパーをいつ公にするのか」と質問された際、「ビン・ラディンをすでに起訴している」だの「われわれの戦争はテロリズムに対するものである」といった、まったく見当はずれの返答しかできなかった。

合州国政府がいつどのような司法手続きを経て、どの司法機関に対しビン・ラディンを「起訴」したのだろう。そうであれば、当然存在するはずの「証拠」が記載された起訴状はどの時点で「公に」されたのか。

そしてアフガニスタンの開戦から一年を経て、米下院議会は〇二年一〇月、早くも「対イラク攻撃容認決議」を圧倒的多数で可決するが、そこでは来るべき戦争が「(9・11に関与した者に対して)米国や他の国々がとり続けている必要な行動と矛盾しない」と宣言されていた。

つまりイラク戦争とは、対米攻撃としての「9・11」に反撃する一環と規定されているが、まったく同じ認識が〇六年二月に国防総省が発表した文書『四年ごとの長期国防・戦略計画見直し』の冒頭にもあらわれている。

『9・11』以降、わが国はテロを武器として、われわれの自由な生活を破壊しようとする暴力的なイスラム過激派に対する世界的な戦争に入った。……現在、闘いはアフガニスタンとイラクに集中しているが、われわれは今後とも、国家とその世界各地にわたる利害を守るため、態勢を整えておく必要があるだろう」

さらに、驚くべき数字がある。米世論調査会社のゾグビーが〇六年二月に発表したデータによると、質問に回答したイラク従軍兵士九四四人のうち、「米軍の任務」は何かという認識について実に八五%が「フセインに対する『9・11』攻撃の報復」と回答。さらに七七%が、「イラクにおいてフセインがアル・カイダを守るのを阻止する」のが戦争の主要な理由だったと「信じている」と回答している。

こうした末端の兵士の誤った認識が、軍隊内における何らかの作為の結果であるのは想像に難くない。軍の最高指揮官の態度も、それをうかがわせて十分なものがある。〇五年六月、ブッシュ大統領はノースカロライナ州フォートブラッグ基地でのイラクにおける駐留継続を正当化する演説で「9・11」という語を五回使用した。

たとえば、「この基地及び全世界に展開する軍隊は、テロに対する全世界規模の戦争（a global war on terror）に従軍している。この戦争は二〇〇一年九月一一日にわが国の陸地に及んだ」とか、「テロリストは無実の人々を殺害することはできるが、自由の前進を阻むことはできない。敵が成功する唯一の方法は、仮にわれわれが『9・11』の教訓を忘れ、……仮にビン・ラディンのような人物に中東の未来を委ねてしまうことになった場合である」、あるいは「敵はイラクでわれわれの意思を揺さぶろうとしている。ちょうど彼らが『9・11』でやったように」という具合だ。

犯人が実際には特定できていないような曖昧かつ謎を多く残している事件が、これほど大規模な二正面での殺戮と破壊作戦の大義名分として機能している。そうである限り、私たちは「9・11」に関しては予断と偏見から解放され、事実を事実として直視する態度が何よりも求められている。それによって、名分そのものの虚構性が明らかにされ、ひいては米軍の残忍行為を止めることにつながるはずだからだ。

そもそも仮に「9・11」が「テロリストによる自爆攻撃」であったとしよう。では、米国本土の中枢に「攻撃」が加えられたのであれば、これは国家にとって防衛網が破られた大失態である。ところが、政府も軍も誰一人として責任を問われたり、何らかの処分が下された形跡がない。見方を変えれば、そうなったのは「失態」ではなかったのであり、むしろそれによって何らかの政治目的が達成されたためそうした結果になったのではないかという懐疑も湧いて当然のはずだ。

ただこれがなかなか容易ではないのは、巨大な視覚的衝撃性を伴った恐怖の印象と犠牲者のいたましさが、事実上のマスメディアによる報道管制的状況と相まっていまだ思考停止状態をもたらしているからだろう。のみならずわが国では、「米国性善説」とも呼べる権威主義的発想が進歩派と呼ばれる人々も含め極めて強固だ。それが米国「主流」の見解が無意識的に「世界の常識」とか「国際的視点」などと俗耳に入りやすい用語に置き換えられて、受け止められる傾向を生んでいる。

だが「9・11」に関して公式発表と異なる見解を持つことが「陰謀史観」とか「陰謀論者」といったレッテル貼りを免れないのであれば、米国がベトナム戦争を一挙にエスカレートさせ、北爆まで実施する口実となった一九六四年八月の「トンキン湾事件」こそ陰謀ではなかったのか。

また、湾岸戦争前にワシントンで何があったのか。イラクがクウェートに侵攻して二カ月たった一九九〇年一〇月に、米議会下院の公聴会で「ナイラ」と名乗る戦火のクウェートから逃げてきたという一五歳の少女が涙ながらに「証言」した。内容は「自分がいた病院にイラク兵が乱入し、保育器から生まれたばかりの赤ちゃんを一人ずつ取り出し、床に投げ捨てて殺した」というものだった。

この証言はブッシュ大統領（当時）によって何度も繰り返してイラク批判に使われ、全米のテレビでも大々的に放映されて一気にイラクへの憎悪が煽られた。そのムードが議会の参戦決議を引き出したことはさまざまな場で指摘されているが、それから一年後、この少女は在米クウェート大使の娘でイラクの侵攻当時病院にいたこともなく、当然イラク兵についての証言はすべてウソであることが判明した。実際は裏で広告会社が演出していたが、こうした行為こそ陰謀と呼ぶべきではないのか。

米国という国家は、これを仕掛けた下手人を追及し、利用した為政者の犯罪性を問う内在的力などそもそも欠如している。だから親の真似をして二〇〇二年九月の国連総会で「イラクの核兵器構築のインフラ保持」なるものを非難し、地方での遊説で「生物・化学兵器を積んだイラクの無人飛行機が米国本土を襲う」などとおよそ現実性を欠く恐怖心を煽って、戦争を始めた現大統領が苦もなく再選されてしまう。

戦争を仕掛ける前にこの種の陰謀を常とする低劣極まる国が、なぜ日本ではかくも「好感度」や権威を保てるのか奇怪至極だが、こと「9・11」に関しては無批判にかつ疑いを持たず米国現政権の発表を信じなければならない理由があるのだろうか。求められるのは「性善説」に象徴される予断や偏見からの解放である。それによって見えてくるのは、「9・11」が「世界を変えた」のではなく、「世界を変え」るために「9・11」が用意されたという可能性の確かさであろう。それが仮説にとどまるか否かは、本書が列挙した事実によって判断されるに違いない。

(注) Enver Masud? FBI says, "No hard evidence connecting Bin Laden to 9/11" URL http://www.teamliberty.net/id267.html)

第一章　巨大なる迷宮

1　生きていた「自爆テロリスト」

「米国には二六の諜報機関があり、予算は合計三〇〇億ドルですよ。……ところが（九月一一日のテロリストによる）攻撃前の決定的に重要な六〇分間に、軍と諜報機関は戦闘機を発着させせないままにしておいたのです。四八時間たってＦＢＩ（連邦捜査局）が犯人だという一九人のリストを発表したが、一〇日たってみると、そのうち七人が生きているというじゃないですか」

二〇〇六年一月一三日、ドイツの日刊紙『ターゲスシュピーゲル』（注１）に掲載されたインタビュー記事で、アンドレア・フォン・ブロー元国防相はこう述べた。世界を揺るがした米国での「テロ事件」について、主要な政治家が正面から疑問を投げかけたのは、アラブ圏を除きこれがほぼ初めてだった。

ドイツ社会民主党の長老で、米ＣＩＡ（中央情報局）についての著作もある諜報分野の専門家は、「なぜこの事件にまつわる多くの疑問が問われないのか、私は不思議に思います」と強調した。

さらに「戦争を政府が行なうのであれば、まず攻撃した者、敵が誰なのかを立証せねばなりません。ところが米国は、その点について裁判に通用する証拠を一つも示せないでいるではありませんか」と述べ、その例として「テロリストの犯人」とされた一九人のリストの不自然さを指摘した。

「9・11」が実質的にイラクへの無法な戦争の大義名分とされていることを考えると、インタビュー記事が持つ意味は重い。ブロー元国防相の指摘が正しければ、ブッシュ政権の「対テロ戦争」なるものの大義名分は根底から問われることになる。誰が「9・11」を起こしたのかという最も肝心な点について、何も「立証」されていないからだ。

このリストは、事故直後の二〇〇一年九月一四日にFBIが公表した。ロバート・マラー長官は「9・11」後、「私が知る限り、攻撃についての事前の警告はなかった」と声明しているにもかかわらず、発生から実質わずか四八時間で「犯人」の名前と顔を特定した。そして一三日にホワイトハウスから「攻撃の背後にいる」と名指しされたビン・ラディンと結び付けられ、その身柄を引き渡さない――との理由で、一〇月七日にはアフガニスタンへ空爆を開始している。

つまり「反テロ戦争」のそもそもの出発点が、この一九人のリストなのだが、「決して反米主義者ではない」と自らを称するブロー元国防相が指摘するように、リストをめぐっては重大な疑問が生じている。

名乗り出た「容疑者」たち

「9・11」でまだ米国が大混乱に陥っているさなかの〇一年九月二〇日、サウジアラビアのサウド・アル・ファイサル外相がワシントンを訪れた。リストに載った一九人のうち一五人までがサウジ国籍とされたため、ブッシュ大統領との会見も冷ややかな雰囲気だったと伝えられている。

だが会見後、アラブ通信との取材に応じたサウド外相は重要な情報を明らかにした。FBIの「犯人」リストのうちから四人の名前を挙げ、「事件とはまったく関係ない」と明言したのだ。サウジアラビアは中東では、イスラエルを除き米国の最大の同盟国だ。いくら「9・11」で立場が悪くなっているとはいえ、現職の外務大臣が米国の公式発表を否定するのはきわめて異例の事態だった。

この四人とは、サイード・アルガムディ、モハルド・アルシェフリ、アブドラアジズ・アルオマリ、サレム・アルハムジの各氏で、ワシントンの同国大使館も、「この四人は死んではいない」と発表した。しかし、米国の大手マスコミの大半はなぜかこうした情報を無視した。

このうちアルガムディ氏は、サウジアラビア航空のパイロットで、英『テレグラフ』紙の〇一年九月二三日付に登場。「大変ショックだ。過去一〇カ月間、他の二二名のパイロットとともにエアバス３２０機の訓練を受けていたんだ。ＦＢＩは私が事件に関わったという証拠も示していないじゃないか」と怒りを露にした。

アルオマリ氏は、取材したサウジの日刊紙『アルワタン』によるとやはりサウジアラビア航空のパイロット。サウジ第二の都市ジッダでサウジ内務省の役人が同席して米大使館関係者に抗議したところ、「事実誤認を認めて謝罪した」という。

アルハムジ氏はサウジ国営企業で石油化学の技術者として働いている。「この二年間外国には行っていない。米国には行ったことすらない」と『テレグラフ』紙に語っている。

「事件に無関係」と主張しているリスト掲載者はまだいる。英ＢＢＣの〇一年九月二二日の放送によると、サウジアラビア航空のパイロットとしてモロッコで訓練を受けていたワリード・アルシェフリ氏の場合、自分の顔が写し出され世界中に「犯人」として報道されていることに激怒。米大使館に「事件当時自分はモロッコにいた。事件とは何の関係もない」と抗議し、謝罪させたという。

サウジアラビア航空のパイロットで、首都リヤド在住のアフメド・アルナミ氏は、取材した『テレグラフ』紙の記者に対し、「あなたが見ての通り、私はここに生きている。米国が私の名を使っているのは非常にショックだ。私がハイジャックしたという飛行機が墜落したペンシルベニアなんて、まったく知らない」と語っている。

これについてＦＢＩの広報官は、「容疑者」の身元についていくつかの不明な点があることを認めながら、米国側が本人に謝罪したか否かについてはノーコメント。同時に、「間違っていたなら残念だが、これは範囲が広く複雑な捜査だから」（『テレグラフ』紙）と弁明している。それなら、なぜわずか実質四八時間で全「犯人」を特定できたのか。しかも現在も、FBIの公式ホームページにはなぜかその時と同じ「犯人」の顔が掲載されている。

謎だらけの「乗客リスト」

「9・11」事件についての疑問はまだある。ハイジャックされたという四機の旅客機の搭乗者名簿が、事件から現在まで公式に公開されていない。それを確認できるのは、捜査機関から提供されたと思われるリストを転載しているCNNのホームページ（注2）のみだが、そこにはなぜか「犯人」の名が一切見当たらないのだ。

もちろん偽名を使った可能性があるが、米マスコミは、「一九人の犯人」のうち、「生きている」と確認された人々も含め九人の座席番号を報道している。これも捜査当局の情報だろうが、偽名を使っていても、座席番号がわかれば本名と並んで発表できるはずだ。しかもモラー長官は、リストは「乗客名簿と追跡調査に基づいている」と言明している以上、なおさらだろう。

のみならず、パイロットや客室乗務員など搭乗員は別にして、このCNNのリストには、「ハイジャック」されたという四機とも、すべて政府発表の乗客数よりも少ない名前しか見当たらない。

たとえば、WTCビルに衝突したユナイテッド航空175便は、五六人の乗客がいたはずなのに四七人の名前しかない。やはり同ビルに衝突したアメリカン航空の11便は、八一人のところが七六人。国防総省に衝突したとされるアメリカン航空77便は五八人が五〇人で、ペンシルベニア州で墜落したというユナイテッド航空93便は、三八人が二六人という具合だ。

いったい完全なリストはどこにあり、そこから削除された乗客は誰なのか。通常、米国で航空機事故の調査は連邦航空局が行なうが、今回は「テロ事件」という扱いのためすべて関係書類はFBIが管理しているという。それでも、なぜ一般の航空機事故のように全員の名前が公表できないのか。

空爆が大方収まった〇二年四月一九日、FBIのマラー長官は驚くべき発表を行なう。「(犯人がやったという) 確たる証拠を見つけることはできなかった」と言い出したのだ。

長官によれば、「ここ合州国だけでなくアフガニスタンや別の場所で発見された情報も含め、そこから事件を裏付ける一片の文書も見つけ出せなかった」という。

これでは生きている「自爆犯」だけでなく、残る一二人についても「犯人」だという根拠は不明という話になる。

それなら、七カ月間捜査して証拠を見つけだせなかったFBIが、なぜ実質四八時間で全「犯人」を割り出せたと発表したのだろうか。

そもそも「実行犯」を特定できたからこそ、アフガニスタンへの空爆を始めることができたはずだ。それがおびただしい数のアフガン人が犠牲になった後になって、「証拠がなかった」ですまされるのだろうか。

この空爆があらかじめ計画されていたのではないかという報道もある。英BBCは、アフガニスタンの旧タリバン政権を支援していた隣国パキスタンのニアズ・ナイク前外相が、「9・11」二カ月前の〇一年七月中旬、ベルリンで米国のある高官から極秘の作戦計画を伝えられた、というニュースを〇一年九月一八日に放送した。作戦計画とは、「一〇月半ばまでに米軍は、アフガニスタンに対し軍事行動を起こす」という内容であった（注3）。

これが事実なら、米国で「テロリスト」による「9・11」が起きる数カ月前から、空爆は既定のスケジュールだったことになる。言い換えればブッシュ政権は、「9・11」を戦争の口実に使ったものの、戦争の前に「まず攻撃した者、敵が誰なのかを立証」（ブロー元国防相）するという当たり前のルールは、最初から眼中になかったように見える。

事実、「9・11」二日前の九月九日、ホワイトハウスの大統領執務室に、CIAを始めとする諜報機関や国防総省、国務省が加わって作成した一通の極秘文書が届けられた。「国家安全保障大統領指令」と呼ばれる戦争計画書で、そこには旧タリバン政権に対する外交面も含む壊滅工作が明記されていた。そして米NBCのニュースが〇二年五月一六日に伝えたところでは、ブッシュ大統領は運命の一一日に、これにサインしたと報じられている。

その直後からブッシュ政権は、根拠を示さないまま「テロリスト」や「アル・カイダ」、「ビン・ラディン」といった名前を乱発し、国民の憎しみを煽りたてていく。だが世界は現在に至るまで「テロリスト」がいったい誰だったのか、「ビン・ラディン」とどう繋がっていたのかを実証する証拠をまだ目にしていない。

（注1）URL http://www.rense.com/general19/minis.htm
（注2）URL http://www.cnn.com/SPECIALS/2001/trade. center/victims/AA11.victims.html
URL http://www.cnn.com/SPECIALS/2001/trade. center/victims/AA77.victims.html
URL http://www.cnn.com/SPECIALS/2001/trade. center/victims/ua175.victims.html
URL http://www.cnn.com/SPECIALS/2001/trade. center/victims/ua93.victims.html
（注3）URL http://nwes.bbc.co.uk/1/hi/world/south_asia/ 1550366.stm
（注4）URL http://www.unansweredquestions.net/timeline/2002/msnbc051602.html

2 消えた「ビル崩壊の証拠」

ニューヨーク市に住むS・レジェンハードさんは、消防士だった息子のクリスチャンさんを「9・11」で亡くした。彼は二〇〇一年一月に採用され、所定の訓練を六カ月受けた後、同市ブルックリン地区の消防署に配属されたばかりだった。

だが、全壊した世界貿易センタービル（以下、WTC）ビルで救出活動にあたっている最中、他の三四二人の同僚と運命を共にしてしまう。享年二八。若すぎる死だった。

母親として悲しみが癒えないレジェンハードさんだったが、〇一年一一月の感謝祭で思いがけない訪問者を迎えた。ドイツのテレビ局ZDTが、「9・11」の犠牲者の取材に米国を訪れ、亡き息子の職場を通じてインタビューを申し込んできたのだ。

取材に応じた彼女は、米国のマスコミがほとんど触れていない重要な事実をあえて取り上げ、カメラの前で切々と訴えた。

「私も、そして他の犠牲者の遺族も、なぜWTCが崩壊したか明確な回答を得てはいないのです」

「それに、専門家によると、事故調査の証拠として最も重要なのはビルに使われた鉄骨だといいます。ところがちゃんと跡地が保管されないまま、そうした証拠は組織的な犯罪によって奪われてしまいました。さらにひどいことに、切断され、溶解されて、いくつかの国に売られてしまったというではありませんか」

米国では、人災であれ天災であれ、建物が壊れた場合、原因究明のため、政府機関が残骸の保管を管理者に命じることができる。残骸が調査にとって不可欠だからだが、しかし奇怪なことに、「9・11」で高層ビルが全壊するという特殊な事故になったWTCに限り、なぜかこうした常識は通じない。

米国に『ファイア・エンジニアリング』という、創刊一三〇年になる火災事故専門誌がある。その〇一年一一月号に掲載された「調査を売り渡す」という記事で、編集長のビル・マニング氏も、レジェンハードさんと同じ憤りを表明している。

「この三カ月以上というもの、WTCの基盤となった鉄骨が切断されてスクラップとして売られ、現在もそうした状態は続いている。証拠の破壊と持ち出しは、ただちに中止されねばならない」

なぜ貴重な証拠を闇に葬るのか

だが、事件からこれまでの経過は、WTCの事故処理には、特定の意図が働いていたことをうかがわせる。

米下院の科学委員会は〇二年三月六日、WTCの事故原因調査のため、専門家を集めて公聴会を開催すると同時に、『9・11から学ぶWTC崩壊の原因を理解する』と題した公文書を発表した。これまでの国の各機関による事故究明調査活動の実態を記録したこの文書には、信じられないような現場の実態が記録されている。

「誰が現場を管理するのかが混乱していたうえ、検証する調査官の権限がなかったため、建物の大部分の証拠は、初期の生存者の救出と探索の間に失われてしまった。……なぜか崩壊数時間後に、作業員が鉄骨の大部分をごみ処理場やリサイクル工場に持っていったため、検証が不能になった」

また、大災害の発生時に住民の救出・物資支援を行なう米連邦緊急事態管理局（FEMA）も、現地対策本部を設置するとともに、二三人によって構成される崩壊原因を調査するための建物機能評価チーム（BPAT）を派遣したが、同じ目にあっているようだ。

「事件が起きてからBPATが活動を始めた一カ月の間に、顕著な数の鉄鋼の残骸が現場から運び出され、小さく裁断され、リサイクル工場で溶かされたり、船で国外に持ち出された。

ビル上部を支える骨組み構造や内部の支柱を含む、調査にとって最も重要な鉄鋼の部分は、BPATの調査員が現場に到着する前に持ち出されてしまった」（注1）

建築事故研究者や学者で組織する国家科学委員会も、事件後にデータ収集を始めたものの、「貴重な証拠が破壊されたのに気付き、市当局に残骸を残すよう要請したが、市は鉄をリサイクルする業者との契約をやめようとはしなかった」という。

「理由はノーコメント」

ここまでくると、レジェンハードさんが言うように「組織的な犯罪」に近い。なぜ、こんな事態になってしまったのか。

本誌は、この疑問についての回答を得るため、FEMAの広報官であるD・ウェルティ氏との間で、文書で以下のようなやり取りを行なった。

「通常米国では、大規模な建物災害が起きた場合、誰がその現場を管理するのか」

「いろんなケースがある。ビル事故を常時究明するような単一の機関はない。州や市といった、自治体が管理することもある」

「今回の、WTCの場合はどうだったのか」

「管理者はニューヨーク市だ。だから、残骸処理などについての君の質問は、そちらの方にしてくれ」――。

だが、ニューヨーク市側の回答はすでに出ていた。『ニューヨーク・タイムズ』紙二〇〇一年一二月二五日付によれば、「ビルを支えていた鋼鉄の柱や梁などをあっという間にリサイクルに回したのは重要な過失だ」とする事故原因調査メンバーの抗議に対し、市側からそっけない回答が返ってきている。

「市長室の担当者は、誰が鉄をリサイクルすることを決定したかという問題や、その決定が捜査を妨げているという懸念については、文書でも口頭でも回答は拒否する」(注2)

当時、市政を担当していたのは、ルドルフ・ジュリアーニ前市長。WTCの残骸処理を請け負ったのは四社で、なぜかうち三社が外国資本だった。

しかも唯一の米国建設企業「トゥーリー・コンストラクション・オブフラッシング」社の関係者の証言によると、「残骸処理」の話を持ちかけられたのは、何と事件当日だという。

異様なまでの手回しの早さだが、別の一社の「AMEC」という英国の大手建設会社は、最初から残骸を事故現場から約三〇キロ離れた島のゴミ埋立地に運び、さらに隣接するニュージャージー州で鉄骨のリサイクルをするよう命じられていた。

さらに、「ラトナー」という同州の金属売買会社がリサイクルした鉄を一トンあたり一二〇ドルで、中国・上海の「バオスティール」という会社に計五万トン以上売りつけていた。

もはや、意図的に「証拠を極度の秘密にして隠している」(同下院科学委員会のメンバー議員)どころか、証拠そのものの抹殺を狙った動きであるのは明らかだ。「組織的な犯罪」と遺族から指弾されても、仕方あるまい。

信じがたい巷の「通説」

もっとも、米国の一般のマスコミは、ＷＴＣ全壊について事故直後から原因はもはや確定しているような報道を続けている。大部分の国民も、それで納得しているようだ。つまり、「ビルに衝突した旅客機に残っていたジェット燃料が燃えて火災が起き、ビルの支柱の鋼鉄を溶かして崩壊に至った」という説である。

だが、ＦＥＭＡの現在までの公式見解は、原因については「最終的には確認することができなかった」というものだ。一般に流布しているような「通説」に、学術的裏付けがあるわけではない。なにしろ、結論を出そうにも証拠が消えたのだから。

それでも、報道され、多くの人々が信じ込まされている「通説」については、矛盾を指摘するのは困難ではない。

そもそも、「旅客機の衝突とジェット燃料の発火による建物の構造へのダメージは、全壊に至らせるには不充分だ」（前出『ファイア・エンジニアリング』誌）という見解を支持する研究者が少なくない。

しかも、二〇〇二年夏になって、ＷＴＣ南棟で救出活動中死亡した消防士たちの七八分間の交信記録が、司法省によって発表された。ビル内の彼らの活動を示す唯一の肉声記録だが、これまでの「通説」を崩すような内容となっている。

O・パルマーとR・ブカというベテランの消防士は、旅客機が直撃した付近の七八階までたどり着いているが、声は冷静で、「出火しているのは二カ所で、コントロールできない状態ではない」と判断している。しかも互いに消火と負傷者の運搬を試みようとした様子が記録されている。鉄骨を溶かしてビルを崩壊させるには、少なくとも九〇〇度から一〇〇〇度の熱を出す火災が発生しないと不可能とされるが、衝突現場は、そうした状況からほど遠かったことが証明されたのだ。

それでもなぜかWTCは全壊し、二人は巻き込まれて死ぬ。さらに、どうにも説明がつきがたい現象が未解決のままいくつか残されている。

ビル下位部分で内部爆発の証言

とくに不可解なのは、旅客機が衝突した階の下の部分で、内部爆発があったとする証言が消防士も含め少なくない点だ。その例を挙げてみよう。
①WTC近くのビルに勤務していた男性はAFPのインタビューに対し、「南棟の一〇階付近で、バリバリという音を伴い、閃光が六回発したのを見た」と証言している。
②WTC北棟に最初に突入した消防士のL・カッチオーリさんは、米週刊誌『ピープル』に、「二四階付近に到着したら近くで爆発音がした。仲間も、ビル内部に仕掛けられた爆弾が

あったと思っている」と寄稿している。

③米テレビ局のフォックスは「9・11」当日の実況ニュース番組で、現場のレポーターが南棟が全壊する直前に、北棟も含めて「ビルの底の方で爆発が起きてます……下から白い雲が上がってきます……何かがビルの下で爆発した模様です」と中継している。

これまでの「通説」からすれば、荒唐無稽な話のようだが、爆弾について最高権威とされるエネルギー物質研究センターのV・ロメロ前局長も「9・11」直後に、WTC全壊のビデオを見て、地元紙に「うまく仕掛けられた爆発物によって崩壊の引き金が引かれたようだ」と解説している。

これらの事実は、「9・11」を象徴する像とも言うべきWTCの崩壊に関する「定説」に対し、根本的な疑問を投げかけている。のみならず、この崩壊自体が人為的な内部からの爆破、すなわち「制御された破壊」(controlled demolition) であったのではないかという説が年を追うごとに年々強くなっている。その根拠としては、次のような事実が列挙されている。

一、そもそも歴史上、火災によって近代的な鉄筋の高層ビルが全壊したというケースは皆無であり、ましてやジャンボ機の衝突にも耐えられるよう設計されたWTCがそうなるのは不自然すぎる。

二、二つのビルが上から全壊するまでに要した時間は、重力の作用だけで落下する物体の自由落下 (free-fall) と同程度の数秒間でしかない。これは空気抵抗のみならず、上からの倒壊

時に構造的に生じる各階の抵抗を考えれば物理的に不可能である

三、全壊時に生じたコンクリートの状態は粉のように粒子が極めて細かく、空気中に浮遊して火山の火砕岩状の濃密な煙が一帯を覆う原因になった。火災原因の倒壊がありえたとしても、ここまで細かいダストは発生しない。

四、WTCの残された残骸から溶解した鉄が発見され、一部はプール状になっていた。これは、極度の高熱を発する爆発物が原因としか考えられない。（注3）

それにしても、ジュリアーニ前市長の行為は、彼の独断だったのか。なぜ、理由を説明しないのか。それとも、本格的な調査が行なわれると困る者がいたのだろうか。

（注1）"COMMITTEE ON SCIENCE U.S HOUSE OF REPRESEN-TATIVES HEARING CHARTER Learning from 9/11 : Understanding the Collapse of the World Trade Center"
URL http: //www.house.gov/science/hearings/full02/mar06/charter.htm

（注2）ニューヨーク市の現市長はブルムバーグ氏。本誌は市の広報担当官に対して〇二年九月二〇日、電話連絡の上、WTCの鉄屑を保管せず、大量にリサイクルした理由について文書で質問したが、一一月一日まで回答は寄せられていない。

（注3）Joseph P. Firmage " Intersecting Facts and Theories on 9/11" URL http ://www.journalof911studies.com/

3　国防総省の怪

「9・11」翌日の、国防総省内記者会見室――。同省に隣接するアーリントン地区のE・プロパー消防署長が、マスコミの質問に応じた。

事件当日は、アメリカン航空七七便のジェット旅客機・ボーイング757―200型機（以下B757と略）がハイジャックされ、ワシントンの国防総省に衝突したとされる。直後に消火作業にあたった部隊の一つが、この消防署だった。以下は、そのときのやり取りの一部だ。

「何か飛行機については残っていないのでしょうか」

「まず飛行機についての質問だが、消火作業で（建物）内部にいくつかの飛行機の小さな破片があった。それは、大きな部分ではない」

「言い換えれば、胴体部分とか、そういった類のものはなかったということですね」

「わかっているだろう、それについてはコメントしたくないね。飛行機が接近した時に実際何が起きたかについての情報なら、君に提供してくれる多くの目撃者がいるんだ。だからわれ

われは知らんし、私も知らん」（注1）

　この「9・11」後から数日間は、大統領も含めさまざまな記者会見が行なわれた。だが、この記者会見ほど奇妙だったのは、他に例がない。真っ先に現場に急行したはずの消防隊の責任者が、そこに飛行機の「胴体部分とか、そういった類のもの」があったかどうかというごくありふれた質問に対し、なぜか「コメントしたくない」と言ったかと思えば、意味不明な「目撃者」云々の後、最後に「知らん」と言いだすのだから。

　事件後これまで、世界中で「9・11」をめぐっての膨大な情報が流れ、今も日々新たな事実が明らかになっている。だがその中でも、この国防総省で「実際何が起きたか」という問題は最も多く論議されているテーマの一つである。その主な理由は、米国政府の説明に多くの不明瞭な点があるからであり、冒頭のプロパー消防署長の奇妙な発言はそれを象徴しているようだ。

　〇一年九月一五日に国防総省で行なわれた同省「被害修復委員会」のL・エーベイ委員長の記者会見によれば、B757は五角形の形をした建物が五重になっている同省の西側の一階と二階の間に衝突し、さらに「一棟から三棟まで貫通した」と説明している。

　だが、これまで公開された多くの写真や資料を検討する限り、誰しも多くの疑問が生じてくるのではないか。

①アメリカン航空機とされる飛行物体が、国防総省の壁に激突した直後の写真。どういうわけか、何も旅客機の残骸が写っていない。いったい、どこに消えたのか。（http://no757.batcave.net/）

②旅客機が国防総省の棟を貫いてできたとされる穴。巨大な旅客機が、いったいどうやってこの程度のサイズの穴から貫通できるというのか。（http://www.thepowerhour.com/911_analysis/exit_hole.htm）

不可解な写真の数々

①は、衝突直後の写真だ。B757は一〇〇トン近くある。当日は低空を時速四〇〇キロ以上で飛行したとされているが、それが直撃しても建物の柱に異常がなく、穴もあいていないのは、あまりに不自然との指摘が数多くある。

とりわけ疑問なのは、ここには現場に残されていたはずの旅客機の主要部分が写っていない。前出の記者会見で述べられていたように、細かく飛び散った飛行機の破片らしき別の写真はいくつか存在する。だが、肝心の胴体や主翼が映った写真は皆無だ。建物にのめり込んだ形跡もない。これについて、以前ボーイング704ジャンボ機のパイロットだった人物は、次のように語っている。

「飛行機の胴体には燃料タンクや荷物が入っているが、そうした残骸はこれらの写真には出てこない。それにシートは？　乗客は？　私は地上か水面、あるいは建物であれ、飛行機が消えている航空機事故というものをかつて見たことがない。これらの写真が事故三日以内に撮られているなら、必ず残骸があるはずだが」（注2）

国防総省側の発表によると、「飛行機の機首部分が建物の外側に残されて、さらに機首の後部の破片部分が内部に残された」（エーベイ委員長）というが、少なくともそうした写真は正式に公開されてはいない。

Ｂ７５７は、約三万二五〇〇リットルのケロシン燃料が事故直前に残っていたと計算される。そのため巨大な火の玉が発生したのを示す写真は存在するが、両翼で幅三八メートルという巨大な主翼や、地上から一三・六メートルの高さになる尾翼、長さ四七・三メートル・幅七・三メートルの胴体、計六四人の乗客・乗務員を、燃え尽きさせるほどの強力なものなのか。

また、衝突の約三〇分後に崩れた際の写真を検討すると、国防総省の説明と矛盾する。なぜなら、両翼三八メートルの飛行機が四五度の角度で衝突した場合、損傷部分は少なくとも五五メートルに及ぶ。ところが、実際にダメージを受けた建物部分は二二メートルほどでしかない。

のみならず、火災が起きたにしては、崩れた屋根部分がほぼ無傷で、露出した建物内側にもとくに激しく燃えたような形跡がないのはなぜなのか。さらに、そこで何と木製のイスとその上に置かれた本がそのままになっていたと報じられた事実を、どう解釈すればいいのだろう（注３）。

写真②は、国防総省によれば、壁に残されたＢ７５７の貫通跡という。直径二・三メートルあまりだが、「飛行機の機首部分が建物の外側に残され」ながらも、機体のどの部分が三棟に大穴を開けたのだろうか。

建物の外壁は米軍の中枢だけあって、外部の攻撃にも耐えられるよう厚さが約六一センチもある。さらに近年の改修で鋼鉄のみならず、防弾チョッキや宇宙ステーションの材質などにも使用されている特殊な繊維によって徹底的に強化が施されている。それを、材質が主に軽合金で製造されている旅客機が、三棟までも貫通できるものなのか。

一方、旅客機の残骸らしきものと、放水中の様子が映っている写真があるが、国防総省によれば当時の状況は、「首都ワシントン地区空港消防局が、飛行機が建物西側に衝突した直後、煙が渦巻く崩壊した衝突地点に放水した」という。

だが、こうした説明は、本来なら航空機事故ではありえないことなのだ。なぜなら、油に火がついたら絶対水をかけてならないように、飛行機事故では燃料が残っている可能性があるため、必ず泡状の化学消火剤を使用する。

米連邦航空局（FAA）も厳しい規定を定めているが、B757が「衝突した直後」にあえて使ってはならないはずの水をかけていたと認めたのは、問題は建物の火災だけで、機体そのものは「崩壊した衝突地点」近くに存在していなかったということなのだろうか。

では、同じこの写真に写っている飛行機の切れ端らしきものは何なのだろう。

この程度の大きさのものならいくつかの写真に撮られているが、かりに燃え尽きても、主翼など巨大な部分が少し残ってしまうのなら話はわかるが、なぜこんな小さな部分だけ燃え尽きもせず残っているのか。

何が飛来し、何が衝突したのか

このように事故直後の現場の様子をうかがう限り、国防総省の説明は簡単に納得させてくれない。このため、「9・11」に国防総省で「実際何が起きたか」をめぐり、現在まで「衝突したのはB757ではなかった」といった極論も含め、さまざまな諸説が乱れ飛んでいる。

とくに問題を複雑にしているのは、国防総省の上空を飛んだり、あるいは衝突直前のB757の写真が、なぜか首都にもかかわらず一枚も存在していない点だ。また、証言の内容も異なっている。

確かに、同省めがけて飛来するアメリカン航空B757と見られる機体の目撃者は多い。ごく一例を挙げれば、陸軍のL・リブナーという大尉は、AFP通信の記者に対し、「大きなアメリカン航空機がスピードを上げ、低空で飛行してくるのを見た」と証言し、雑誌編集者のJ・オキーフ氏は『ニューヨーク・ロージャーナル』誌に、「銀色の飛行機だった。すぐアメリカン航空機だと分かった」と寄稿している。

ところが『USAトゥデー』紙のM・ウォルター記者のように、「翼のついた、巡航ミサイルのような飛行物体を見た。自分がいた右方向から国防総省に衝突した」というような証言も存在する。また「戦闘機のようなカン高い音を出す、八人から一二人乗りの飛行機」（『ワシントン・ポスト』紙に掲載されたS・パターソン氏の証言）も、事件直前に何人かから目撃されているが、これらが同一のものかは不明だ。

さらに、問題の飛行機は、直進後、急降下しながら二七〇度回転して衝突しているが、レーダーで見ていたワシントン・ダレス空港の管制官であるD・オブライエン氏は指摘する。

「飛行速度、機動性、旋回行動――。レーダー室にいた経験豊富な管制官のすべてが、軍用

機だと思った。旅客機のB757を、あんな風には操縦できない」(注4)
謎は深まるばかりだが、〇二年三月七日になって、米CNN放送は、初めて国防総省にB757が衝突して炎上する模様を捉えたとする約五秒間の画像を公開した(注5)。
このため、「B757は衝突していなかったなどという噂が誤りであることが、これで決定的に証明された」といった評価も生まれた。しかし、問題はそれほど単純ではない。

出所不明のビデオの画像

まずこの画像は、国防総省の北側にある防犯ビデオが捉えたとされるが、不思議なことに同省は、「防犯カメラからのいかなるビデオや写真も公開していない。(この画像が)公式なものかどうかは、コメントできない」(C・イルウィン広報官)という立場だ。

画像の最初の時間も「九月一二日一七時三七分」となっている。事件は同省の公式発表だと、九月一一日九時三七分で、これでは何かの裁判に証拠として提出されても、採用されないだろう。

しかも画像には、爆発して大きな火炎が生じる前に、ほんの一瞬だけぼんやりした尾翼らしきものが映っているものの、どう考えても「アメリカン航空機ははっきりと映ってはいない」(『ワシントン・ポスト』二〇〇二年三月七日号)という評価が正確だろう。また、「建物の大きさをもとに計算してみると、B757機の尾翼より小さい」(注6)という。

では、「実際に何が起きたか」を立証することはできないのか。しかし、これまでの情報を総合すると、衝突場面を記録したと思われるビデオが少なくとも二本存在する。

その一つが、名前は特定されていないが、国防総省近くのホテルの防犯カメラだ。従業員は何か「ショッキングで恐ろしいフィルム」を実際に見たというが、ＦＢＩによって捜査の名目で押収されている（注7）。

また、国防総省職員専用のガソリンスタンドの防犯カメラも現場を記録していた。そこで働くプエルトリコ出身のＪ・ヴェラスケス氏によれば、映像は見ていなかったが、「衝突から数分以内にＦＢＩがやってきて、ビデオを押収していった」（『リッチモンド・タイムズ』〇一年一二月一一日）と証言している。

消防車ですら現場に到着するまで衝突後五分から一〇分近くかかっているのに、なぜわずか数分以内にＦＢＩが予期していたかのように駆け付けたのか。しかも事件直後は大混乱で、捜査どころの話ではなかったはずなのだ。

国防総省は〇六年五月、情報公開法による請求に応じて、ついに当日の同省駐車場敷地内に設置されたビデオの映像を公開した。だが、前述のビデオと違うのは爆破前に敷地内を通過する一台の車輛が写っているぐらいで、どう見ても内容には変化がない。英ＢＢＣは、「ミサイルか軍用機が国防総省に追突したとする世界の陰謀論者のきりがない主張を抑えることはできないだろう」と皮肉を込めながら、次のように報じている。「間近で画像を見れば、低空を飛んで建物に衝突し、巨大な火の玉をもたらした飛行機のようなものが写っている。……しかし

ながら、それが絶対に疑いなくアメリカン航空77便であると示しているとはいえない」（注8）

こうなると、逆に残された別の場所からのビデオ画像の公開を未だ拒んでいるＦＢＩの不自然さがさらに浮き彫りになっている。

（注1）"So where is the plane?" URL http: // www.apfn.org/apfn / 77_whereis.htm
（注2）"Pilot's Views on Flight 77" URL http: // www.apfn.org/ apfn/ pilots_views.htm
（注3）注2と同。
（注4）"YEWITNESS ACCOUNTS ： Boeing 757 or military craft? " URL http: // www.asile.org/ citoyens/ numero14/ miss-ile/ temoins_en.htm)
（注5）"Where is the Plane, Flight77? " URL http://www.apfn.org/apfn/flight77.htm
（注6）"Pentagon Video Evidence Shows Fraud Of War On Terror" URL http: // www.rense.com/ general26/ penta.htm
（注7）"Inside the Ring" URL http: // web.archive.org/ web/ 20011114115925/ http: // www.gertzfile.com/ring092101.html
（注8）Paul Reynolds "Conspiracy theorists down but not out" URL http://news.bbc.co.uk/1/hi/world/americas/4990686.stm

4　誰かが事前に知っていた

「え、『9・11』前後の株価の動きに関して取材したい？　前後といっても、前の方でしょう。それなら、いっさい質問には答えられません」

取りつく島もないというか、米国証券取引委員会（SEC）のJ・ネスター広報官は、こちらの説明についてろくに耳を傾けないまま一方的に電話を切った。二〇〇二年九月半ばのことだ。

SECは約二〇〇〇人の職員を擁し、不正な証券取引を摘発する権限を持つ。だが、記者の取材目的である「史上最大規模のインサイダー取引」とされる「9・11」事件直前の不可解な株取引について、なぜか取材されるのを極度に警戒している気配が感じられた。

株売買の形態の一種に、「オプション取引」がある。実際に株を所有しなくとも、「特定の銘柄を決められた期日までに、決められた価格で、売ったり買ったりする権利」を一定の金額を払って、取引の材料とするやり方だ。

このうち、プット・オプションと呼ばれる「売る権利」は、相場が下落すると予測されるときに購入される。なぜなら株価が下がる前に、「売る権利」を行使して売っておけば、結果として損はしないからだ。

そしておかしなことに、「9・11」事件に直接巻き込まれ、自社株が大幅に値下がりした会社に限り、あたかも事件発生を完全に見越したかのようにその直前、プット・オプション（プット・オプション一枚分は一〇〇株で構成）が大量に購入されている。

この取引が大量に行なわれたのは、シカゴオプション取引所だ。たとえば、事件で「ハイジャック」されたとされる旅客機の航空会社二社のうち、ユナイテッド航空の親会社UALの株が、〇一年九月六日から一〇日までの土・日曜を除く三日間で、プット・オプションが四七四四四枚購入された。この数字は、それまでの取引平均値の実に一八〇倍にあたる。

もう一社のアメリカン航空の親会社AMRは四五一六枚で、やはり一二〇倍という異常な動き。ところがデルタやコンチネンタルといった、「事件」に巻き込まれなかった航空他社は、ほとんど取引高に変化はないから、不自然さは際立っている。

事前に分かっていた株価の急落

ちなみに、米国の株式市場は、事件当日から四日間閉鎖されたが、再開された一七日には、UALの株価は四三％、AMRの株価は三九％とそれぞれ暴落している。この下落幅は、同じ期間のダウ平均の落ち込み率七・一二三％よりも、はるかに大きかった。

さらに、旅客機に衝突された世界貿易センタービルに入居していた証券会社のモルガン・スタンレーは、プット・オプションが二一七五枚購入されているが、それ以前の同社の一日あたり平均取引高は、わずか二七にすぎなかった。この他、同じビルに本社があった証券会社メリルリンチのプット・オプション取引は、同月五日を含めて一万二二一五枚に達したが、やはり同社もそれ以前の一日あたりの平均取引高は二五二枚にすぎない。

のみならず、フランスの保険会社ＡＸＡなど、やはり同じビルに入居していた企業も、一様に異常なプット・オプションの取引高を記録している。

こうした現象は、米国のみならず英国やスイス、香港、日本など世界各地のオプション市場でも発生。その結果、わずか数日間の取引によって、プット・オプション購入者が得た利益は計算上、トータルで一五〇億ドル（約一兆八八〇〇万円）もの巨額に達したという。これが、果たして偶然の出来事だろうか。

さらに、株の信用取引には、やはり相場の下落を見越して行なう「カラ売り」というプット・オプションと類似したやり方があるが、ニューヨーク証券取引所では、同時期にＵＡＬとＡＭＲの両銘柄を狙った「カラ売り」が異常に増加した。

そこでは、ＵＡＬが四三九万株「カラ売り」され、前月と比較して四〇％も上昇、ＡＭＲは二九八万株、二〇％の上昇だった。捜査当局も「事前に何が起きるかを知っていた誰かが、株の下落によって利益を得ようとした」（米『サンフランシスコ・クロニクル』紙〇一年九月二二日付）と見なしている。これがシカゴでの動きと連動したものであることは、まず間違いないだろう。

ただ、ニューヨーク証券取引所執行局のD・ドハーティー副局長は、「取引所はその内部で起きた出来事は自分で管理する」とのコメントを出しただけ。現在まで独自の調査を行なっているかどうか、不明のままだ。

取引実行者が事件の犯人？

世界で最初にこの奇怪な動きを公表したのは、イスラエルの「対テロリズム国際政策協会」というシンクタンクだった。そこに勤務する株取引の知識が深いA・D・ラドロール氏は、〇一年九月一九日に次のように指摘している。

「『9・11』事件が起きる以前に、それについての詳しい情報をあらかじめ知っていた何者かが、インサイダー取引に共犯者として関与しているはずだ。あるいは、この取引を行なった人間と、攻撃そのものを画策した人間が、同一人物である可能性が極めて高い」（注1）

では、米国政府が「9・11」事件の実行犯と特定したアル・カイダとビン・ラディンらが、この疑惑の取引の当事者なのだろうか。SECは、「事件の一カ月以内に司法省と共同で、世界の証券会社に三八の株式銘柄を提示し、事件に関連して、事前に予測することで利益を得ていたようなプット・オプションの買い手についての情報を求めた」（注2）という。しかし、事件後五年たっても、なぜか何一つ詳しい情報は公表されていない。

　確かに、「取引当事者は偽名や幽霊団体の名称を使っているだろうから、彼らの追跡は困難」（前出、ラドロール氏）なことは間違いない。だがSECの調査能力のみならず、「9・11」事件そのものの巨大さ、そしてこの「歴史上最も悪質で、最も恐ろしく、そして最も悪魔的なやり方のインサイダー取引」（米『ブルンバーグ・ビジネスニュース』〇一年九月二〇日号）の実態を考えると、誰一人として名前が浮かび上がってこないのは、あまりに不自然に見える。

　ただ、それでも漏れ伝えられる情報はゼロではない。シカゴオプション取引所は事件当日から四日間閉鎖されたが、UAL株のプット・オプション取引で二五〇万ドルの売却益を上げたと見られる名称不明の投資家が、再開後も儲け額を受け取りに来ないという事実が明らかになった（注3）。

　明らかに、可能な限り早く売り逃げ、捜査当局の捕捉を逃れようとする意図だったと思われるが、その人物が取引をしたのは、ドイツ銀行アレックス・ブラウン（現ドイツ銀行セキュリティーズ）を通じてであった。

　同社は、疑惑の取引で名前が出たことに対し、これまでのところ一切コメントを発表していない。だが、九月一四日に、米国の証券部門責任者が理由も公表されないまま突然辞任。三一日には、SECの捜査局長が引き抜かれて入社している。さらに、米国で一部のジャーナリストが注目したのは、同社と諜報機関とのつながりだった。

CIAと金融界の深いつながり

もともと投資銀行として全米でも長い歴史を誇っていたアレックス・ブラウンは、九七年にバンカーズ・トラストに買収される。さらにバンカーズ・トラストも、九九年にドイツ銀行に吸収される。そのアレックス・ブラウンの筆頭取締役を九一年から買収時まで勤めていたのが、CIA（中央情報局）のナンバースリーに〇一年三月に就任したA・B・クロンガード事務次官にほかならない。

クロンガード事務次官は九九年の買収後、バンカーズ・トラストの副会長になり、九六年には米国証券業協会の会長に就任。さらに、九八年から、CIAの顧問に任命されている。

『週刊金曜日』四三〇号（〇二年一〇月四日）の「石油と麻薬が米国を戦争に駆りたてる」で、評論家のM・ラパート氏が指摘しているように、もともと米国では、証券・金融業界の重要人物が、CIAの幹部に就任したり、逆にCIAからその業界に天下る例は少なくない。

前出のニューヨーク証券取引所のドハーティー副局長も、CIAの顧問という経歴があるが、近くではクリントン政権時のCIA局長であるJ・ドイッチェ氏が、現在、シティーグループの重役になっている。

無論、CIAが疑惑の取引とどのような関係があったのかは謎のままだ。だが、少なくともCIAは人的な結合のみならず、証券をはじめとする金融の世界に極めて深くかかわっているのは事実だ。

「追跡者用情報処理システム」（ＰＲＯＭＩＳ）と呼ばれる、特殊なコンピュータソフトがある。ＣＩＡが開発したもので、広範な金融の個々の取引実態を世界レベルで瞬時に把握することが可能とされており、当然、インサイダー取引のような違法行為はこれで摘発可能だ。

ＣＩＡは国内での活動を法律で禁止されているが、問題の取引は米国以外の国でも行なわれている。当然、何らかの情報があがっているはずだが、やはり何の発表もない。米国政府が「９・11」の犯人とした、「テロリスト」との関わりについても同様だ。

では、諜報機関はインサイダー取引について、異常な値動きが観測された時点から何の情報収集もできず、事件の勃発も事前にキャッチできなかったのだろうか。実は、そうではない可能性がある。

「極秘情報」の恐るべき内容

米国の捜査当局は〇二年五月、カリフォルニア州サンディエゴに住むＡ・Ｉ・エルジンディーというエジプト出身の株ブローカーを、インサイダー取引や詐欺の容疑で逮捕した。起訴状によると、エルジンディーは〇一年九月一〇日、ソロモン・スミス・バーニーの社員に対し、「ダウ平均は九六〇〇ドルから三〇〇〇ドルに下がると述べ、自分が保有していた三〇万ドル相当の株を売却するよう指示した」とされる。

問題は、この人物の逮捕と連座し、FBIの現職職員と元職員も逮捕されている点。このうち、〇一年一二月に退職したJ・ローヤーという元職員は、在職中にFBIの極秘ファイル「国家犯罪情報センターデータベース」に違法にアクセスし、さらに辞めた後も、L・ウィンゲートという職員を通じ、内部の「極秘情報」を入手し続けていた。

起訴状によれば、エルジンディーはローヤーに資金を渡し、その「極秘情報」を得ることによって「『9・11』事件を知ることができ、それによって利益を得ようと試みた」（注4）という。この事件は、ニューヨーク・ブルックリンの地方裁判所の管轄になっているが、現在までのところ「極秘情報」の内容は明らかにされていない。

だが、その「極秘情報」とは、エルジンディーの容疑からすると、「9・11」という日を正確に特定した上で、その日に何かが起きることを事前に予知していた内容であったことは間違いない。

この事件は米国ではなぜかあまり注目はされていないが、これまで米国政府が発表してきた内容を根本から覆す可能性を秘めている。なぜなら、CIAやFBIによる「9・11」事件勃発を事前に察知できなかったとの説明が、まったく疑わしくなるからだ。

では「史上最大規模のインサイダー取引」の実行犯は、やはりエルジンディーの事件と同じように流出した「極秘情報」を入手していたのだろうか。それとも「極秘情報」の出所自体が、疑惑の取引と直接関係しているのか。

米諜報機関の裏工作について詳しい評論家のM・ラパート氏は、後者の可能性が高いことを示唆しているが、少なくとも一連の疑惑の取引が、事件の底知れない闇の深さを垣間見せていることだけは確かだろう。

（注１）Christopher Bollyn "Revealing 9-11 Stock Trades Could Expose The Terrorist Masterminds" URL http://www.globalresearch.ca/articles/BOL412B.html
（注２）Dave Eberhart "Still Silence From 9-11 Stock Speculation Probe" URL http://www.newsmax.com/archives/ articles/2002/6/2/62018.shtml
（注３）Michael Ruppert "SUPPRESSED DETAILS OF CRIMINAL INSIDER TRADING LEAD DIRECTLY INTO THE CIA's HIGHEST RANKS" URL http://www.fromthewilderness.com/free/ww3/10_09_01_krongard.html
（注４）Anthony M. DeStefaro "Feds:Ex-Agent Had Key Data" URL http://propagandamatrix.com/Ex_Agent_Had_ Key_ Data.htm

5　ユナイテッド機はなぜ墜ちたか

歴史的な惨事が生ずると、時に崇高な自己犠牲の精神が発揮される美談が生まれる。古くはタイタニック号の遭難で、他人を救命ボートに乗船させ、自分は沈み行く豪華客船と運命を共にした乗客がいた。そして、二〇〇一年の「9・11」事件でも同じであった。

人命救出のため燃えさかるWTCに突入し、崩れたビルの瓦礫の中に消えた三四三人の消防士たち。そして、「ハイジャック犯」と格闘して旅客機がコントロール不能となり、墜落して命を落としたとされるユナイテッド航空93便（以下、93便と略）の乗客たちがいる。

ブッシュ大統領をはじめFBI（連邦捜査局）のマラー長官など、米政府高官はこぞって後者の人々を「英雄」と称え、米『ニューズウィーク』誌は、「祖先のように圧制をはねのけて立ち上がった」、「市民兵士」とまで呼んだ。

だが、こうした「英雄神話」だけで、93便の乗員・乗客四五人が死亡した悲劇を単純化することはできそうにもない。

さまざまな目撃証言

二〇〇一年九月一一日の午前一〇時六分、93便は、ペンシルベニア州の片田舎にあるシャンクスビルという村の旧炭坑近くに墜落した。地面に激突した瞬間の唯一の目撃者というL・パーボー氏の証言では、「コントロール不能」で墜落したという説が疑わしくなる。

「ほんの一瞬でしたが、スローモーションの映画を見ているようでした。振動で機体が揺れたかと思ったら急降下し、機首を裂いて巨大な爆発があり、地面に突っ込んだのです。即座に、誰も助からないだろうと思いましたね」（英『インデペンデント』紙〇二年八月一三日付）

衝突の瞬間は目撃せずとも、93便を視界に収めた住民が何人か存在するが、彼らの証言はパーボー氏と食い違う。その一人、K・レバーナイト氏が、「煙はなかったよ。まっすぐ落ちたんだ」（『デイリー・アメリカン』〇一年九月一二日付）と述べるなど、「爆発」について触れた目撃者は現在までほかに現れていない。

では、93便は地面に激突するほんの寸前に「爆発」したのだろうか。さらに、この限られた時間に目撃されたのは93便だけではない。少なくとも六人の住民が、低空を飛ぶ謎のジェット機を見ている。

そのうち、最も詳しい証言をしているのは、S・マックルウェーインさんという五一歳の女性だ。

「自動車を運転中に、頭上をまっすぐ通過したのです。白くてマークが何もなく、後ろにエンジンがあって巨大な尾翼と二つのフィン（垂直安定翼）がついてました。間違いなく軍用機です」（英『デイリー・ミラー』〇一年九月一三日付）

パーボー氏も、「白い飛行機が、墜落現場上空を二回旋回するのを見ました」と語っているが、いずれもその特徴はほぼ共通している。

別の飛行機はいたのか

同時に目撃談をもとに政府側の発表を検討していくと、実に不可解な印象を受ける。まずこの戦闘機らしき飛行機は、当然「ハイジャック機」を迎撃するため飛来した可能性があるが、はたしてこの類の機種が現場にいたのかいなかったのか、政府内部で食い違いが生じているのだ。

これまでの公式発表では、州空軍統監のG・ウェバー将軍は「州空軍をはじめ他のいかなる軍用機も93便を追跡するため迎撃していない」と述べているが、国防総省のP・ウォルフォウィッツ副長官は「空軍は93便を追尾していた」と言明。一方、北米航空宇宙防衛司令部（NORAD）の広報官は、「93便を追跡していたかどうかについては否定も肯定もしない」と発表している。

さらに、当初FBIは「墜落現場付近に他に飛行機はいなかった」という見解だった。だが、途中から目撃証言が報道されたのを意識してか、「民間のビジネスジェット機のファルコン機が、当局からの要請で現場を観察していた」（英『インデペンデント』紙〇二年八月一三日付）と変わっている。

だが、当日九時四五分の時点で、全米の飛行空域では民間航空機は直ちに最寄の飛行場に着陸するよう緊急指示が出ていた。上空を飛んでいること自体、ありえないのだ。

また、ワシントンの国防総省に飛行機が激突した後、上空に三機のF16戦闘爆撃機が一〇時前に飛来。93便の墜落現場まで同機なら一〇分足らずで到達可能で、そこに向かうこともできたはずだが、三人のパイロットはなぜか「操縦中に93便のことは聞かされてなかった」と証言している。

一方、ニューハンプシャー州のある管制官は、報道規制を無視して「一機のF16が93便を追跡し、墜落も見ていたはずだ」と証言。現場から約九六キロ離れた地震観測所の計器も、九時二二分に音速機（ほぼ軍用に限られる）の衝撃波音を記録している。

軍全体が一致してF16の存在を認めてかまわないはずだが、なぜ見解がまちまちなのか。しかもかりに上空にいたとしても、識別マークのない配備中の戦闘機・戦闘爆撃機は存在しないので、話はミステリーじみてくる。

だが、ホワイトハウスと軍、FBIが一致する見解はある。墜落は「英雄」たちの決死的行為の結果、機体操縦が不可能になったのが原因で、当然93便は「撃墜もされていない」（注1）

というものだ。

だがこの点についても、現在までのさまざまな報道で疑問が投げかけられている。

「英雄」美談の真実

この「英雄」たちのストーリーが誕生したのは、乗客で「ハイジャック犯」と闘ったというT・バーネット氏やJ・グリック氏らが機内から数回かけたという携帯電話を、家族がメモや記憶で再現したものに多くを負っている。

これまで「自分が死ぬのは分かっている。われわれ三人は、あることをやろうとしている」(注2)といったバーネット氏らの「肉声」などが断片的に新聞などで伝えられてきたが、実際に機内で何が起きたかについてはほとんど伝えられてこなかった。

その最大の理由は、「9・11」事件で「ハイジャック」された四機の旅客機のうち、唯一機能が維持されたまま回収されたという93便のブラックボックスが、これまでの航空機事故の例に反して公開されてこなかったため。パイロットと航空管制官のやり取りも非公開のままで、さらに管制官に対してはなぜか現在も報道関係者のインタビューが禁止されている。

ブラックボックスは、事故三〇分前から操縦室内の声を録音するコックピット・ボイス・レコーダー（CVR）と、二五時間にわたって飛行機の高度やスピード、エンジンデータなどを記録するフライト・データ・レコーダー（FDR）の二つによって構成される。

とくにCVRについては、異例にもFBIは「捜査中」とか「かえって遺族を傷つけることになる」との理由で、公開を拒んできた。しかし、当の遺族の強い要求で二〇〇二年四月、ニュージャージー州のホテルで、遺族だけを集めてやっとCVRが初めて公開されたものの、かえって事件の闇を深める結果になった。

当日出席したK・ナック氏は、事故で兄を亡くしているが、「衝撃的な録音はなかった。音質がひどかった」と証言し、テープは衝突三分前で音が途切れているという。別の匿名の遺族は、争ったような音が聞こえたというが、やはり最も決定的と思われる最後の三分間が無音だったという（『フィラデルフィア・デイリー・ニュース』〇二年九月一六日付）。

このため、機内の状態を客観的に示す唯一の公式記録であるCVRの内容からは、「乗客と〝犯人〟との格闘で墜落したというのは推測にすぎない」（前出『デイリー・ミラー』）という結論を導き出さざるをえないだろう。三分間の空白についても、FBIをはじめすべての捜査機関からは何の説明もない。

では、墜落原因は謎のままなのだろうか。残された手がかりは存在する。ここで、再び事故当日の現場に戻ろう。

なぜ破片が空から降ってきたか

とくに関心を引くのは、「空から飛行機の破片が落ちてきた」との、多くの住民の証言だろう。さらに、93便が積んでいた郵便物やシートの破片などが、現場から一三キロも先で見つかり、巨大なジェットエンジン部分も胴体から離れ、一・八キロ離れた場所に転がっていた。

FBI側は、これについて「風で郵便物などが運ばれた。また、墜落時の衝撃が強いためにエンジン部分が飛ばされた」と説明している。だが、当日の風速はごく弱く、紙類をそんな遠くに飛ばすのは考えられない状態だった。また、現場はきわめて柔らかい土壌で、衝突直後にエンジンだけをはずみで一・八キロも先に飛ばすのは困難だ。

しかも93便のB757はジェットエンジンが二基付いているが、もう一つのエンジンは墜落現場と見られる大穴に埋もれていた。同じエンジンなのに、あまりに発見状態が違いすぎるのはなぜだろう。これについては、対空ミサイルは熱源を目指して追跡・命中するため、「どちらかのエンジンがターゲットになる。その結果、一方のエンジンが吹き飛ばされて、残りの地面に突っ込んだ機体部分とは遠く離れた場所に落ちた」(注3)という解釈がある。

興味深い証言がある。地元シャンクスビルの村長が、「ミサイルの発射音を聞いた人間を二人知っている。F16も近くにいた」と事件後に発言しているのだ(米『フィラデルフィア・デイリー・ニュース』紙二〇〇一年一一月一五日付)。

さらに、ミステリーじみた事実が続く。墜落現場で指揮をとった検死官は、信じ難いことになぜか「機体残骸のわずか八%しか発見されなかった。残りすべては、蒸発してしまった」(注4)と証言している。では、肝心の深さ一・八メートルあまりの大穴は何なのか。それは、何によってでき

ペンシルヴァニア州の片田舎にユナイテッド航空93便が墜落してできたとされる大穴。ここからエンジン一基が発見されたというが、奇怪にも残りの機体の残骸は写っていない。（http://911review.org/93/maps/index.html）

たのだろう。

　墜落直後、地元住民で真っ先に煙が立ちこめる現場に駆けつけ、機体探索作業が始まってからは到着した係官に昼食を用意するなどしていたネナ・レンスブアーという女性がいる。だが彼女の証言では、「発掘作業中に機体は見ていない」（注5）という。

　また、真っ先に現場に駆けつけた一人であるスタル村長も〇三年三月、訪れたドイツのテレビ局の取材に応じ、次のように語っている。

「消防士らも到着していたが、みんな当惑していた。なぜなら飛行機が墜落したという電話だったのに、何も飛行機がないのだから」（注6）

　なぜエンジンがあって、残りの機体は「蒸発」したのか。例の国防総省のケースと似ていなくもないが、地元で州兵と兼務で『デイリー・アメリカン』紙の通信員をしているボブ・レバーナイト記者も、「巨大なエンジンの一つがあったのに、飛行機の残骸と残っていたはずの燃料が消えた」事実を認めている。（注7）

少なくともこの大穴に、飛行機の残骸が写っている写真はこれまで公開されていない。ここでも私たちは、「英雄神話」の信憑性以上に、「実際ここでいったい何が起きたのか」というそもそもの原点から疑わざるをえないのだろうか。

（注1）"Operation911-NoSuicidePilots" URL http:// www. rense.com/general18/opp.htm

（注2）バーネット氏らの会話内容は "FLIGT 93 TIMELINE" URL http://www. unansweredquestions./timeline/AAflight93.html から参考。なお、「機内からの携帯電話」は墜落八分前からすべて止まったとされ、機内の様子をさらに分からなくしている。

（注3）"The Flight 93 Engines: WTF??? ?" URL http://flight93hoax.blogspot.com/

（注4）"Sept. 11 crash still shrouded in mystery? " URL http://www.prisonplanet.com/Pages/280304_crash.html

（注5）"Flight 93: Mayor of Shanksville Says 'There Was No Plane' " URL http://www.prisonplanet.com/articles/september2004/190904noplane.htm

（注6）同

（注7）同

第二章　真実を遮る影

1　豚肉と酒を好むイスラム原理主義者

米国有数の保養地であるフロリダは、「9・11」の記憶と切り離すことができない。事件の「主犯格」が仲間とともに飛行機の操縦法を学んだとされるのがフロリダだからだが、その男を追っていくと、きらめく太陽が届かない闇の中の迷宮に入っていく。

モハメド・アタ。三年前の事件直後、このエジプト人の名を、オサマ・ビン・ラディンと並んで何度聞いただろうか。当時は未確認のものを含め大量の情報が飛び交ったが、その後現在まで、米国政府はなぜかアタを含め「9・11」に関する新しい捜査報告をほとんど発表していない。

一方で、アタの調査は何人かのジャーナリストによって試みられてきたが、最大の収穫は何といっても二〇〇四年発売された「モハメド・アタとフロリダでの9・11隠蔽工作」と銘打った『Welcome To Terror land』(MAD COW PRESS)という本だ。

著者のダニエル・ホップシッカー(五五歳)は、大手テレビ局NBCのプロデューサーを退職後、二年間フロリダで地を這うような取材を続けた執念のジャーナリスト。その著書は、これまでマスコミから刷り込まれてきたアタのイメージを大きく変える内容に満ちている。

アタの実像

その一部に、アタと二カ月半同棲していたアマンダ・ケラーという当時「ストリッパー」をしていた女性を突き止め、「絶対に現在の住所を書かない」という条件で取材した経緯が記されている。そこではアタの実像が、以下のように示されている。

①アタは大酒のみでコカインを常用し、骨付きの豚肉が大好物だった。

②米アラバマ州のマクスウェル空軍基地の国際将校養成学校に登録していたことがあり、同校のパーティーにも招かれたことがあった。

③アタと行動をともにしていたのはアラブ人ではなく、「ペーター」と「ヨハン」というドイツ人だった。

④入国前から十数カ国で発行されたパイロット免許をすでに持ち、「数カ国の航空学校にいた」と話していた。

結局彼女は、アタが数匹の子猫をバラバラにして殺すなど異様な行動をとったので別れたが、これらの証言は注目に値する。

たとえば、「自爆テロも厭わない狂信的イスラム原理主義者」というマスコミが流したアタのイメージは、①と決定的に食い違う。世俗的なイスラム教徒でも、まず豚肉は口にしない。

②については、事件直後に『ワシントン・ポスト』や『ニューズウィーク』などが報じたが、重要な情報の割には、なぜかすぐ立ち消えになった。しかも、フロリダ州選出のビル・ネルソン上院議員（民主党）が軍当局と司法省に事実確認を求めたところ、何の確定的な返事も返ってこなかった経過がある。

③は新証言だが、このドイツ人たちの身元は一切明らかになっていない。さらに④がもし事実なら、何のためにフロリダの田舎町にわざわざやってきたのかわからない。しかも、アタが籍を置いていたハフマン航空学校自体、いわくつきの存在だ。

アタが他の仲間とともに入学したのは二〇〇〇年七月とされるが、オランダ国籍のラディー・ダッカーという人物がその前年末に経営者に納まっている。さらに、別の複数の「実行犯」が入学したフロリダ・フライト・トレーニング・センターもすぐ近くにあり、やはり経営者が同じ時期に別のオランダ人に代わっている。しかもその後、二つの学校は急に多くのアラブ系訓練生で占められるようになった。

事実の隠蔽工作

おそらく米国入国後のアタの行動を知るカギは、航空学校があるベニスにあることは確実だが、なぜかＦＢＩの捜査報告にはほとんど登場しない。それどころか、明らかにニセの情報を流している兆候がある。

ＦＢＩの発表だと、アタは事件九カ月前の二〇〇〇年暮れにはベニスを立ち去ったことになっているが、ホップシッカーの取材によれば、二〇〇一年七月から八月にかけてベニスのレンタカー店から五週間分の期間で車を借りている。また事件一週間前にも、スーパーの惣菜売り場の店員に別の「実行犯」二人と買い物をしたのが目撃された。

さらに奇怪なのは、オランダ人・ダッカーの証言だ。地元の捜査当局者によれば、ダッカーは航空学校を経営した実績はなぜかゼロ。しかも祖国では、警察当局から組織犯罪の中心人物としてマークされている人物というが、ＦＢＩと同様、事件直後の数々のインタビューでは「二〇〇〇年のクリスマスに出ていったきりアタには会っていない。バーにも行こうとしないイヤな奴だった」と語っていた。

だがベニスの元海軍軍人のタクシー運転手によれば、事件一カ月前の八月に、「何度かアタを乗せて学校からベニスの町まで行った。うち二回はダッカーも一緒で、ナイトクラブまで行った。二人は、仲の良い友だちだった」（注1）と証言している。

ではなぜＦＢＩとダッカーは、事件直前の〇一年夏に、アタがベニスにいたことを隠さねばならないのか。しかもハフマン航空学校の関係者が目撃したところによると、ダッカーはマスコミのインタビュー前に、ＦＢＩの係官から「何を言えばいいか」という指示を仰いでいた。

ＦＢＩに関して目立つのは、ベニスでのアタの目撃者に対する口封じ工作だ。前出のアタの同棲相手は、「誰にも（アタについて）話すな。口を閉じていろ」と係官から何度も命じられたが、アタのすんでいたアパートの住民も半年間同じことを言われ続け、地元警察関係者ですら捜査に立ち入らないよう警告されている。

このうち二人の地元保安官がホップシッカーの取材に応じ、「この地域で、CIAがからんだ多くの秘密工作が展開されたのを目撃した」と証言している。

正体は「二重スパイ」?

サンフランシスコに、スタンレー・ヒルトンという大物弁護士がいる。一九九六年の大統領選挙に出馬したボブ・ドール共和党上院議員ら有力議員の顧問を務めるが、〇二年に「9・11」の遺族約四〇〇人を原告に大統領を相手取り、「事件発生を事前に知りながら手を打たなかった」として、裁判を起こした。
自身も事件の調査を独自に行なっているが、アタなどの「実行犯」について米諜報機関によって選抜された「二重スパイ」であると断じている。
「彼らはアル・カイダといったイスラム過激集団を名乗る場合もあるが、すべてウソなのだ。その実態は米国政府から資金援助を受け、けしかけられている組織の支部にすぎない。狂信的回教徒でもまったくない」(注2)
ホップシッカーもこれとほぼ同意見だが、多くの人々は、アタが世界貿易センタービルの北棟に追突したアメリカン航空11便を操縦していたと信じている。だが、一部で公開された同便の乗客名簿には、アタはおろかアラブ系の名前はない。

さらに事件当日、メーン州のポートランド空港でセキュリティチェックを通過するアタの模様を捉えたとされる監視ビデオの映像が公開された。だが、11便が離陸したのはボストンのローガン国際空港であり、アタが乗り捨てたとされる車もこの空港の駐車場で発見された。肝心のローガン空港での映像は、なぜか公開されていない。

のみならず二〇〇二年九月二日付の英『ガーディアン』紙によると、カイロ郊外に住むアタの父親は、「息子は事件翌日の九月一二日の昼間に電話をかけてきた。二分間話したが、『秘密の場所に隠れている』と言っていた」と証言している。

このように、真実は限りなく「藪の中」に近い。ただ指摘できるのは、アタがベニスにいた際に起きた何かについて、捜査当局が隠蔽を図っているという事実だろう。その内容を知ることは困難だが、おそらくヒルトンやホップシッカーの主張を裏付けるものである可能性は、決して否定できないように思える。

（注1）Daniel Hopsicker "Atta And Dekkers Seen Together Just Weeks Before 911" URL http://www.rense.com/general34/jeje.htm

（注2）"Alex Jones Interviews Stanley Hilton" URL http://www.prisonplanet.com/jones_report_031403_hilton.html

2　FBI翻訳官が目にした極秘メモ

アゼルバイジャン人の医師を父に持ち、イランとトルコ両国で生活した後、一〇年前に米国人と結婚して米国に帰化したシベル・エドモンズ（三三歳）が、ワシントンのFBI本部契約翻訳官に採用されたのは、「9・11」直後の二〇〇一年九月一三日だった。

これらの国の言葉をすべて流暢に話すエドモンズは、盗聴などで入手した「イスラム過激派」の膨大な会話記録を英訳する機密性の高い仕事に従事。だが翌年三月になって、突然解雇されてしまう。

理由は、「FBIが予算アップとスタッフ増員の口実にするため、テロリスト情報の翻訳作業を遅らすか、中止するよう求められ」た事実を、司法省に内部告発したためだった。

〇二年一〇月には、FBIから「もし外に話したら収監する」と脅されながらも、テレビのニュース番組でもFBIの内部腐敗について発言。さらに、この四月に開かれた「9・11テロに関する独立調査委員会」の非公開聴聞会で、驚くべき証言をする。「9・11」の発生を米諜報機関が事前に知っていたことを示す極秘資料を、翻訳官として読んでいたというのだ。

彼女の証言によると、資料の日付は二〇〇一年四月で、出所はＦＢＩに協力しているアフガニスタン在住のイラン人。そこには、①オサマ・ビン・ラディンが米国内の四〜五カ所を狙って大規模なテロ攻撃を計画している②攻撃には、民間飛行機が使われようとしている③攻撃に加わることになっている何人かのメンバーは、すでに米国にいる④攻撃は数カ月以内に迫っている――という内容が記されていた。

さらに彼女は〇二年四月、「９・11」の遺族らが、「テロリスト」に資金を供与したとされるサウジアラビアの王族らに賠償金を求めて訴えている裁判の証言者として出廷しようとしたが、司法省は「国家秘密」をタテに裁判所の召喚状を無効にする。エドモンズは言う。

「司法省と政府は『国家秘密を守るため』と称していますが、逆に事実を歪めることは国家の安全を脅かしかねません。彼らは、事実が公にされると自分たちの信頼性が問われかねないということを知っているのです」（注１）

無視された警告

実は、こうした「９・11」の発生を事前に警告した情報は、エドモンズの証言以外にも少なくない。アフガニスタンのアル・カイダとパイプがあった在ワシントンのＦＢＩ職員（当時）で、イラン出身のベローズ・シャルシャーは二〇〇一年四月、自身が収集した情報をもとに、

ＦＢＩ本部で「アル・カイダが、飛行機を使った自爆攻撃をニューヨークやシカゴ、ロサンゼルスなど主要大都市で計画している」と、対テロ担当官に報告している。

さらに〇四年五月には、「フェニックス・メモ」と呼ばれる資料が存在することが明らかとなり、話題を読んだ。ＦＢＩ捜査官のケン・ウィリアムズが二〇〇一年七月に、アリゾナ州のフェニックスからＦＢＩに送付した秘密捜査情報で、すでにこの時点で「オサマ・ビン・ラディンが航空学校に入学させるため、配下を学生として米国に送った」という事実がキャッチされている。のみならず、ドイツやロシア、イギリス、エジプトなどをはじめ、さらにはイランまでも含む各国諜報機関からもこの種の警告が頻繁に寄せられていた。

ところがこれまでのあらゆる情報を総合すると、航空機のハイジャック対策をはじめ、米国政府が市民の保護を対象にした何らかの予防策を講じた形跡は皆無である。その一方で、ジョン・アシュクロフト司法長官（当時）が〇一年七月二六日、さらに国防総省の複数の高官が九月一〇日、理由不明のまま突如民間航空機の搭乗をキャンセルするという不可思議な事態が相次ぎ、こうした事前警告と関連があるのではないかと疑う声が事件後に出た。

しかしブッシュ政権のこの問題に関する公式見解は、「調査委員会」でのドナルド・ラムズフェルド国防長官の次の証言で尽きている。

「九月一一日に先立つ約六カ月の間に、民間機をハイジャックして、それを国防総省とＷＴＣに衝突させることを意図したテロリストに関するような情報は、私は何一つ知らなかった」

ところが〇四年四月一〇日、毎朝大統領に届けられる秘密文書「プレジデンシャル・デイリー・ブリーフ」（PDB、大統領日報）のうち、〇一年八月六日に作成された分がホワイトハウスによって初めて公開された。その内容は、政府の信頼性を疑わせるのに十分だった。冒頭に「ビン・ラディンは米国への攻撃を決意した」とタイトルが記され、「大統領専用」と注意書きもあるこのPDBは、①ビン・ラディンとアル・カイダが、一九九七年から九八年にかけて、米国内やケニアのナイロビの米国大使館などへのテロ攻撃を準備していた②アル・カイダの工作員が米国内に数多く存在している——といった情報を列挙。

さらに、「FBIの情報によると、米国での疑わしい活動にはパターンがある。それはハイジャックや他の攻撃の種類を準備していることを意味し、さらにニューヨークでのビルに対する最近の監視も含まれる」との記述もある。

にもかかわらず、公表二日前の四月八日に「調査委員会」で証言に立ったコンドリーザ・ライス国家安全保障問題担当大統領補佐官（当時。現国務長官）は、このPDBについて「飛行機を武器として使用する可能性を挙げていなかった」などと抗弁。あくまで責任回避の姿勢に終始した。だが、前述したエドモンズが証言した「民間飛行機」を使った「攻撃」という情報の存在と矛盾する。

政府は知っていた

このためエドモンズは、「まったくもって言語道断のウソ」とライス証言を強く批判している。当のブッシュ大統領も米『ワシトン・ポスト』紙〇四年四月一二日付のインタビューで、問題となったPDBに関し、やはり「テロリストの脅威については、示されていなかった。攻撃の時間も場所も書かれていなかった」などと述べている。

なお、ライス補佐官については、「9・11」当日の奇妙な行動が問題になっている。同補佐官は以前、サンフランシスコにあるスタンフォード大学の学務担当副総長だったが、その関係から、一九九五年から二〇〇三年までサンフランシスコの名物市長だったウィリー・ブラウンと友人同士だった。ところが事件当日の朝、旅客機で旅行を計画していたブラウンに対し、同補佐官は直接「飛行機に乗ってはいけない」と電話で警告していた。ブラウンが事件後にラジオ番組で明らかにして知られることになったが、地元の『サンフランシスコ・クロニクル』紙も、この件については何度か報道している。

ところが、こうした究明が求められるべきいくつかの重要事実がありながらも、〇四年七月になって鳴り物入りで発表された「調査委員会」の『報告書』では、それらの一切が除外されていた。ライス証言の信憑性を問うような記述もなく、細かい点を除き政府の対応については、「(テロの脅威の重大さに対する)想像力の欠如」という表現で指摘されるに留まっている。その結果、事前警告の問題はうやむやのまま立ち消えとなってしまう。

では、「9・11」は、諜報部門をはじめとした政府機関の単なる怠慢の結果だったのか。あるいは、〇四年八月に米世論調査会社が発表したデータによると、ニューヨーク市民の四九・三％が「政府は故意に防止策を怠った」と考えているが、はたしてその通りなのか。

〇三年六月、現職の空軍将校が異例にもブッシュ政権の対応を地方紙で真っ向から批判し、反響を呼んだことがある。発言の主は、カリフォルニア州モントレー軍語学学校に勤務するスティーブ・バトラー中佐だった。

「もちろん、ブッシュは事前に攻撃を知っていた。彼が国民に何の警告もしなかったのは、戦争を必要としていたからだ。父親がサダム・フセインと戦争したように、ビン・ラディンのような戦争相手が必要だったのだ。……自分の打算のために国民に事実を知らせなかった大統領は、低級で卑劣極まる」（注2）

大統領は「調査委員会」に対し、ライス補佐官を証言させる代わりに自分の証言を免除させた。だがそこで語らねばならなかったのは、批判に対する反論ではなかったのか。

（注1）Sibel Edmonds "Gagging Congress" URL http://antiwar.com/orig/s-edmonds.php?articleid=2627
（注2）Jerry Isaacs "Air Force offi cer disciplined for saying Bush allowed September 11 attacks" URL http://globalresearch.ca/articles/ISA206A.html

3　闇に包まれた演習

二〇〇三年五月二三日、ワシントンで開かれた「9・11テロに関する独立調査委員会」の公聴会に日系のノーマン・ミネタ米運輸長官が出席し、「9・11」当日、非常事態に政府高官が指揮をとるホワイトハウス地下の「緊急作戦センター」にいた際の様子を証言した。その中で、ディック・チェイニー副大統領の奇妙な言動に触れている。

「旅客機が国防総省に接近している間に、一人の若い男性が入ってきて、副大統領に『飛行機は五〇マイルに接近』、『飛行機は三〇マイルに接近』と言いました。さらに飛行機が下降し始めると、『飛行機は一〇マイルに接近。命令はまだそのままでしょうか』と言ったのです。すると副大統領は振り向いて、こう言いました。『当たり前だ。そのままだよ。何か別の命令を聞いたとでもいうのか』――と」

長官自身は「命令」の内容は知らないと証言しているが、事実であれば重大だ。「一〇マイル」（約一六キロメートル）は、アメリカン航空77便のボーイング757とされる同省に激突した飛行物体の当時のスピードからして危機的距離だが、それでも「五〇マイル」以前の時点と変わらない「命令」とは何なのか。証言に注目したジャーナリストのアレックス・ジョーンズは、それを「撃墜せず、目標を探させておけという内容だった」（注1）と断定している。

実際、77便とされる飛行物体は国防総省に衝突するまで、全米で最も厳しい防空体制が敷かれているはずのワシントン上空で何のインターセプト（迎撃による阻止）も受けた形跡がない。また、崩壊した世界貿易センタービル（ＷＴＣ）があったニューヨーク上空でも、迎撃は失敗している。この謎を突き詰めると、副大統領の「命令」がカギを握っているように思える。

しかもこの年の五月八日に発表された大統領指令により、副大統領は全政府機関の反テロ対策部門を統括する任務が与えられていた。当日も「国防総省と連邦航空局、ホワイトハウスの命令指揮権を一手に握っていた」（注2）事実がある。

当日の数々の演習

さらに「命令」に加え、当日一部でハイジャックを想定し、複数の空軍演習が展開されていた点も見逃せない。それによって、「レーダースクリーンに複数の現実のものとは違う機影が映り、混乱を招いたようだ」（注3）との指摘も出ている。このため、当日の「ハイジャック機」に対する空軍の対応の遅れを招いたとの見方も少なくない。

この章の一に登場したスタンレー・ヒルトン弁護士が、米国の防空を担う北米航空宇宙防衛司令部（NORAD）の高官から入手した情報では、何とこの日には実に三五もの演習が実施されていたというが、判明しているのはわずか四で、しかも全容は軍事秘密となっている。

その一つが、前日から米北東部で開始されていた「Vigilant Guardian」で、一ないし数機をハイジャック機に見たてて実施されていた。この日、コロラド州の山中にあるNORADの作戦室に勤務していた空軍中佐の証言では午前八時四〇分、最初にボストンの航空センターから「ハイジャック発生」を通報された際、「すぐに演習の一部だと思った。回りの同僚もそうだった」（注4）という。

次に、一カ月前に計画されて実施されたという「Northern Vigilance」。北大西洋側からロシアの爆撃機ないしは巡航ミサイルが侵入するという想定だが、これによって米東海岸の迎撃機の大半がカナダ・アラスカにシフトしてしまったという。

また「Vigilant Warrior」は二〇〇二年三月の「調査委員会」公聴会で、ブッシュ政権が口先とは裏腹に、いかに「対テロ政策」をおざなりにしていたかを暴露したリチャード・クラーク前大統領特別顧問の著作『Against All Enemies』（邦訳『爆弾証言　すべての敵に向かって』）で、わずかに触れられているだけにすぎない。最後の「Northern Guardian」は、「Northern Vigilance」の一環らしいということ以外、何もわかっていない。

またNORADと並び、別の二つの演習が同時に進行または準備されていた。その一つは、CIAがワシントンのダレス空港近くにある国家偵察局（NRO）本部で行なっていた「対テロ訓練」。ＮＲＯはスパイ衛星による全地球規模の偵察活動を任務とし、事実上ＣＩＡの一部門だが、「ルートを外れた飛行機が本部に激突する」という、この日に国防総省で実際に発生した事態と同じ想定だった。

実はこの国防総省への激突想定は、判明しただけでも二度にわたって表面化している。一つは二〇〇〇年一〇月二四日から二六日にかけて、国防総省の警備隊と緊急対応司令チームが実施したもの。

さらに同時期に、ＮＯＲＡＤも「ハイジャックされた飛行機が激突して多数の死傷者が出る」という演習を計画していた。その激突対象の三つのうち、二つは何とＷＴＣと国防総省だったが、「現実に起きそうもない」という理由で取り止めになったという。

なお国防総省は、「9・11」以前に本部への飛行機激突を含めた異常事態発生の際の対応マニュアルを策定していたが、海軍パイロット出身者としてこれに加わっていたのが、何と例の77便を操縦していたチャールズ・バーリンガム機長だった。

次に九月一二日にニューヨーク市で予定され、一〇日から準備に入っていた「Tripod II」がある。〇四年五月一九日、ロドルフ・ジュリアーニ前ニューヨーク市長による「調査委員会」での証言で初めて存在が明らかになったが、大災害の発生時に出動する連邦緊急事態管理庁（ＦＥＭＡ）との合同による、細菌戦を想定した演習だった。

ニューヨーク港の埠頭に本部が設営されたが、当日、倒壊した二つのビルとワンブロック離れた世界貿易センター第七ビルに常設されていた同市緊急管理局から退避した前市長らが、その後指揮をとる場所となった。

偶然の奇怪な連続

なお、第七ビルは二つのビル倒壊から約七時間後、小規模な火災しか起きていないのに瞬時に全壊。そもそも二つのビルから離れていて残骸などの影響は考えられず、なぜ全壊したのか。「9・11」にまつわる奇怪な謎の一つだった。だが、〇四年一月になってラリー・シルバースタインというビルの所有者が、突然「消防局と相談して爆破した」と認めた。理由を含め、なぜこれまで沈黙していたかなど不明な点も多いが、通常ビル解体のための爆破作業は準備期間が一〇日以上かかる。急に爆破しようと思ってできるものではなく、理解できないことだらけだ。しかも「調査委員会」の『報告書』も第七ビルについては触れていない。

以上の出来事をまとめてみると、次のようになる。「9・11」当日、判明しただけでも六以上の演習が「たまたま」行なわれ、そのうちNROでは二年前に中止となった国防総省での演習が「たまたま」近くに場所を変えて復活し、演習が想定する事態に対応したマニュアルを策定した人物が、実際に起きた飛行機激突に「たまたま」遭遇した。

そしてニューヨーク市でも「たまたま」前日から演習の準備に入っていたところにWTCが狙われ、当日市長が陣取っていたビルが「たまたま」はっきりした原因がわからぬまま倒壊し、

左＝突如、崩壊したWTC第七ビル。後で爆破されたことが判明する。全壊した別の2つのビルと引力だけの落下速度で崩壊した点で共通するが、では2つのビルも爆破されたのか。（http://911review.org/Wget/members.fortunecity.com/911/wtc/seven/WTC-seven.htm）
右＝国防総省が2000年に実施した、飛行機激突を想定した演習の際の一コマ。この想定は現実となってしまうが、そうなったのは単なる偶然なのか。（http://www.oilempire.us/wargames.html）

演習の本部とされた埠頭が「たまたま」実際の事件の対策本部となった――。

こうした「たまたま」の連続が一斉に現実となったのが、「9・11」に他ならない。

そして最後に強調しておかねばならない「たまたま」は、ディック・チェイニーその人である。当日の「緊急作戦センター」における不可解な「命令」は、本人がそのすべてに関与していたはずのこうした演習を取り巻く闇と関連しているように思えるが、話はこの人物が副大統領になる以前にさかのぼる。

前クリントン政権時代の二〇〇〇年九月、ブッシュ政権を牛耳っているネオコンが在野時代に結成したシンクタンク「米国新世紀プロジェクト」は、圧倒的軍事力による世界一極支配を目的とする『米国防衛の再構築』と題した文書を発表。そこでは目的実現のために、今後

「真珠湾攻撃のような破局的、かつ何かを誘発するような事件」が必要であると強調されていた。

「9・11」がその後、「対テロ戦争」と称して、アフガニスタンとイラクへの侵略の端緒となったことを考えれば、この文書の持つ意味は軽くない。そしてこの執筆者の一人が、チェイニー現副大統領であった。

「9・11」で全指揮をとったとされる人物がちょうど一年前、その日を思わせるような「事件」を望む集団にリーダーとして「たまたま」所属していた――。

これらの「たまたま」は偶然ではないだろうが、何らかの必然的な関連性が存在することを証明できるほど「9・11」の闇は浅くない。だがこれだけ偶然が重なっている事実は、少なくとも「9・11」の真相が人々に刷り込まれているイメージとはまったく異なっている可能性を示唆しているのも、また確かなのではあるまいか。

(注1) "Wargames Were Cover For the Operational Execution of 9/11" URL http: //www.prisonplanet.com/articles/september2004/080904wargamescover.htm

(注2) 注1と同。

(注3) "Complete 911 Timeline" URL http://www.cooperativeresearch.org/context.jsp?item=a630vigilantguardian

(注4) "The Failure to Defend the Skies on 911" URL http://cooperativeresearch.org/essay.jsp?article=essayairdefense

第三章　底知れぬ暗部の彼方

1　4機の旅客機の「正体」

「もし航空機が墜落して地上に穴が生じたら、その周りには事故機のテールナンバーや、所属を疑問の余地なく証明する大量のパーツがあるはずなのだ。ところが政府は、事故機が何であるかを明白に示す証拠を何ら提出していない」（注1）

米空軍に一九六五年に航空機整備官として入隊し、八九年には南カリフォルニア大学で航空機事故調査を専門に学んだジョージ・ネルソン元大佐は、「9・11」の政府の対応についてこのように指摘している。

これまで戦火のベトナムを含め「無数の航空機事故について報告書を作成した」という元大佐は、当日「ハイジャック」され、激突・墜落したとされる四機の旅客機の調査が前代未聞の異常事態であったことに驚きを隠さない。なぜなら、「機体番号を提示したり、見つかった部品が何なのかを特定する努力が一切ない」以前に、「回収されたいくつかの部品がまったく公表されていない」からなのだ。

この事件は、まず四機の民間旅客機が「ハイジャック」されたことからすべてが始まっている。世界貿易センタービル（WTC）には、アメリカン航空（AA）の11便（F11、ボーイング767）とユナイテッド航空（UA）の175便（F175、同）、国防総省にはAAの77便（F77、ボーイング757）がそれぞれ激突。ペンシルベニアの片田舎に墜落したのは、UAの93便（F93、同）という。

ところが検証してみると、これらの事故機がその機体であると証明する根拠は、ネルソン元大佐が指摘するようにきわめて乏しい。米連邦航空局（FAA）も運輸省（DOT）など行政機関も、この点については「いかなる権威ある公式記録や白書も発表して」おらず、「公の場で残骸から当該事故機を専門家が特定したといういかなる形跡もない」（注2）のである。

つまりブッシュ政権が口頭で発表したり、そのように報道されているだけであって、何かの物的な証拠によって機体の所属が特定されているとは言い難い。しかもより奇怪な事実は、行政機関の内部にある。

DOTの内部に、運輸統計局（BTS）と呼ばれる部局がある。そのホームページを開くと各空港ごとに時刻と便名や目的地、離陸時間などが網羅されている。「二〇〇一年九月一一日」の日付で調べると、なぜか世界貿易センタービル（WTC）に激突したという二機が離陸したボストン・ローガン国際空港には、F11という便は当日存在しない。同便が登場するのは、この月では四日と前日の一〇日だけなのだ。

運航している「墜落機」

さらに、国防総省に激突した機体が離陸したはずのワシントン・ダレス国際空港でも、F77という便は当日存在しない。F11と同じく、九月一〇日には運航している。では便自体が当日存在していないとしたら、激突したとされる機体は何だったのか。半面、ローガン国際空港のF175、そして墜落機が離陸したとされるニューアーク国際空港のF93は存在する。

FAAにも、同じような問題が指摘できる。民間機はすべてFAAの管理下に置かれ、そこで登録されていなければ空港での運航は禁止されている。それだけ登録は厳格なはずだが、登録された機体のデータが掲載されている「航空機照会欄」をFAAのホームページで見ると、〇五年九月段階でF93の機体番号・N591UAは何と「配備中」(Assigned)という表示が。F175のそれはN612UAだが、やはり「配備中」となっていた。

当日に便自体が存在しなかったF11はN334AA、F77はN644AAだが、いずれも「登録抹消」(Deregistered)になっているものの、「抹消日」(Cancel Date)が両機ともなぜか「二〇〇二年一月一四日」だ。通常この種の事故機は事故発生日が「抹消日」とされる。どうして四カ月以上もギャップが生じるのだろう。しかも〇六年八月現在になると、前述のF175及びF93とも「登録抹消」と変化。しかも「抹消日」が何と「二〇〇五年九月二八日」となっている。これらは、単なる行政上のミスなのか。それとも、この四機が米航空事故史で特異な位置を占めている以上、何かの事実を暗示しているのだろうか。さらに、コンピュータによる画像解析技術を使って「ハイジャック」機を分析して得た、驚くようなデータが存在する。

スペインのバルセロナに、『ラ・ヴァンガーディア』という同国では著名な新聞が発行されている。同紙が「9・11の不可思議な考察」と題した記事を掲載したのは、〇三年の六月二二日付だった。「9・11での世界貿易センタービルに対する攻撃にまつわり、多くの疑問が残されている」との書き出しで始まるこの記事は、同ビルの北棟に続いて南棟に激突したF175の機体を問題にした。

つまり、「F175が映っている静止画像」を分析した結果、「機体に識別可能な三つの奇妙な形状があり、意見を求められた航空専門家も説明困難になっている」という。そして、バルセロナ近郊マタローにあるエスコラ工科大学でデジタル解析をしたところ、この「一つは機首、一つは尾翼に向いている胴体下部についた二つの長い形状」と「一つのピラミッド型の形状」は、「機上の日光の投射によってできた影ではなく」、「少なくとも離発着装置とはまったく違う」何かであるとの結論が出された。

残骸機の正体は？

通常、民間旅客機にはこうした「形状」は存在しないため、同紙は米シアトルのボーイング本社の商業用機部門に回答を求めた。当初、同社は回答することを約束したが、後になっていかなるコメントも拒否。同社によれば、「安全保障上の理由」からだという（注3）。

実に理解しがたい「理由」だが、エスコラ工科大学の分析結果はもう一つ注目すべき内容が含まれている。それは画像の機体を計測した結果、F175の便名が与えられたボーイング767の222型ではなく、実際はそれより少し大型の機体であることが判明した。とすれば「奇妙な形状」も含め、激突機の特定に関する定説は、限りなく不透明なものになろう。

この南棟への激突画像は繰り返しテレビで放映されて有名だが、実は四機のうちで飛行状態がほぼ「識別」できる唯一のものだ。F77とF93には映像が存在しないし、F93とされる機影は当日フランスの撮影隊が消防士の活動現場でビデオを回していた際に、偶然画面に一瞬だけ飛び込んで北棟に衝突している。そのためビデオをいくら再生しても、ほとんど機種は「識別」不能だ。

だが、これについても画像解析が試まれた例がいくつかあるが、いずれも驚くべき結果だった。F11とされる機体のボーイング767の223型よりも、どう計算しても二五％ほど小型であるという（注4）。

もっともいくらコンピュータを使っても、画像の質の限界からどうしてもファジーな部分は残る。だがそれでも、同ビルへの激突機についての定説を疑わせるような「証拠」の存在が指摘されている。事件後、同ビルと別のビルを挟んで接するチャーチ通りに残されていた航空機エンジンの残骸だ。事件直後の現場で撮影された写真から、このエンジンは767に搭載されているCF6‐80というタイプではなく、より推力が低い小型のCFM56であるとする指摘がある（注5）。では、767以外の航空機が激突したということなのか。前述のネルソン元大佐は「機体を特定するには一連の部品を回収すれば良いだけで、苦労することはないはず」と指摘するが、なぜそれができないのだろう。

当然、こうした機体に搭乗していたはずの「乗客」について誰しも疑問が湧くはずだ。だが現在まで、「完全な公式乗客名簿と搭乗券のコピー、乗客に搭乗券が発行された時間を記録するコンピュータの記録リストは公表されていない」（注6）以上、「ハイジャック機」と「乗客」を客観的に結びつける手がかりすら知るすべはないのである。

（注1）"911 and the Precautionary Principle: Aircraft Parts as a Clue to their Identity" URL http://www.physics911.net/georgenelson.htm

（注2）Elias Davidsson "Participants in the Cover-Up of 9/11: The Case of American and United Airlines" URL http://www.globalresearch.ca/index.php?context=viewArticle&code=DAV20041121&articleId=248

（注3）英語訳の"The Mysterious Reflections of 9/11" URL http://www.prisonplanet.com/020404mysteriousreflections.html を参照。

（注4）Markus Icke "What Hit WTC1?" URL http://www.gallerize.com/whathitwtc1.htm

（注5）Jon Carlson "Is Popular Mechanics Hiding 911 NYC Engine In Street Photo?" URL http://www.rense.com/general63/hiding.htm

（注6）（注2）と同。

2　抹殺されたブラックボックス

イーストリバーをはさみ、マンハッタンと接するロングアイランド島の中ほどに、ロンコンコマという小さな町がある。全米を二〇地域に区分して運営される航空路交通コントロールセンターの一つで、ニューヨーク地区と大西洋の一部を管轄するNYARTCCの施設が置かれているが、そこで「9・11」にまつわる奇怪な事件が起きた。

二〇〇一年九月一一日当日、NYARTCCの計六人の管制官が二機のハイジャック機（アメリカン航空のF11、ユナイテッド航空のF175）と交信したが、事件数時間後に米連邦航空局（FAA）の管理者がこれら管制官のインタビューを約一時間にわたって録音した。ところが後にその録音テープが、NYARTCCの監督官によって破壊されたのだ。正確な時期は不明だが、同年の一二月から翌年一月にかけてという。監督官はケビン・デラネーという名の人物で、以前米陸軍の環境衛生局に勤務していた元軍人という以外、詳しい経歴は不明だ。

このテープは、いずれ事件の正式な証拠として文書に起こされるはずだったが、作業は当時未着手で複製も作成されてはおらず、全容を聞いた職員もいないと言う。デラネーはまず手でカセットを壊し、次にテープを細かく切断した上で、施設内のいくつかのゴミ箱に分けて捨てるという、異様に念入りなやり方をしている。本人の弁明を聞いても、「ストレスで職員が録音に適切に対処する精神状態になかった」などと、何度読み直しても理解不能だ（注1）。

捜査当局はこのテープ破壊について、「監督官の行為は、何か証拠をもみ消そうと試みたものではなかった。そしてテープには、誰かが何かを隠そうとしたり、管制官たちが事件当日の職務に適切に対応しなかったというような徴候を示すものは何もなかった」（注2）などと、鷹揚にもとくに問題にする姿勢はなかった。だが、誰も「聞いていない」はずのテープなのに、なぜそのようなコメントができるのか。

しかもかりにそれが事実だとしても、これらの「書類や証拠」はF77やF93のパイロットの交信記録を含め全面的に非公開で、情報公開法に基づいて開示請求しても、例外規定に阻まれて触れることはできない。第三者にとっては、事件を検証する資料自体が消されたことになる。

そもそも「9・11」で最も論議を呼んでいる大きな謎の一つに、当日「ハイジャック」されたという機内でのパイロットの動向が、四機とも一切不明であるという点だ。しかも、「ハイジャック」の実行犯が操縦室に入らなければ事件そのものが成立しないが、そうした事態が本当に発生したかどうかは、実は断定する根拠に乏しい。

携帯電話は可能か

なぜなら、二人いるパイロットは異常事態を感知したら、すぐに手元に置かれている航空交通管制用の自動応答装置に、「七五〇〇」というハイジャック発生を知らせるコードを打ち込むことになっているが、この操作が行なわれた形跡がないのだ。

乗員室の制圧に伴う混乱を察知されることなくドアで仕切られた操縦室に入り、パイロットが瞬時に操作可能なコード入力を行なわせることなく操縦桿を奪う――などという芸当は、かりにできたとしても奇跡に近い。それがなぜか一機のみならず、四機すべてに生じている。

それでも、四機とも「機内にハイジャック犯がいて、操縦桿を奪った」というのは定説になっており、FBIや二〇〇四年七月に『報告書』を発表した「独立調査委員会」の公式見解でもある。その最大の根拠となっているのは、乗務員や乗客が「ハイジャックされた機内の模様を通報した」とされる電話の存在だ。

これについてはすでに多くの新聞などで報道されているが、機内に設置された航空電話かどうか一部不明なケースもあるものの、それらの大部分は携帯電話からだとされる。

〇四年、携帯電話の新たな技術革新が話題になった。アメリカン航空と米無線通信会社のカルコムが提携して、「早くとも二〇〇六年までには旅客機から乗客が携帯電話で地上と通話できるようにする技術を実現する」(米『ワシントン・ポスト』紙七月二七日付)という。では、〇六年にならなければ不可能な空からの携帯電話使用が、「9・11」に可能だったのか。

答えは一つだ。当時の技術水準では、機体が高度約二四四〇メートル以上に上昇すると携帯電話の使用は不可能である。そして前述の「ハイジャック機からの携帯電話」の大半は、機体が巡航高度に達した約九一四〇メートル以上から「発信」されている。いかにその「内容」が『報告書』やマスコミをにぎわしても、そもそもが物理的に成り立つ話ではない（注3）。

したがって操縦室と機内で何が生じたのかを知るためには、事件当日の交信内容が改めて重要度を増す。そしてその有力情報が破棄された以上、残された知るための有力な手段はブラックボックスしかない。

この機器は三四〇Gという途方もない重力加速度と一一〇〇度もの熱に耐え、事故発生三〇分前の操縦室内の声を録音するコックピット・ボイスレコーダーと、機体の運航状況を記録するフライトレコーダーの二つの部品から成り立つ。ところがFBIの公式発表によると、NYARTCCが当日交信したはずのF11とF175とも、激突したというマンハッタンの世界貿易センタービルの現場跡からブラックボックスは「発見されなかった」という。

ちなみに国防総省に激突したとされるF77のブラックボックスは、異例にも「破損」していて機能が喪失。ペンシルベニアに墜落したというF93は、ボイスレコーダーの一部が遺族だけに公開されたが、最後の三分間の音声がなぜか消失し、音質も非常に悪かったという（注4）。

「口をつぐんでいろ」

だが、両機の場合、「ブラックボックスを回収できないのは極端に希なケース。国内の航空事故で回収できなかった例は記憶にない」（国家輸送安全庁のテッド・ロパットキウィッツ広報官）ほどなのだ。世界貿易センタービルの現場跡地は巨大な残骸に埋もれており、発見は困難な作業だったろうが、それでも二機分のブラックボックスがどこかに消えてしまったことの不自然さは、否定しようもなかった。

ところが二〇〇三年八月に、当初ほとんど注目されることもなく世に出た『舞台の裏側でグラウンド・ゼロ』と題する自費出版本に、驚くような興味深い記述がある。

著者のニューヨーク市消防局の元職員ニコラス・デマシが、現場で残骸撤去作業中の二〇〇一年一〇月に、二機のブラックボックス計四個の部品中、「赤みがかったオレンジ色で二本の白線が入った三個を発見し、回収して政府職員に手渡した」と回想していたのだ。

さらにともに作業にあたった友人のボランティアで、「名誉消防士」の称号を持つマイク・ベロネも「デマシが使っていた作業用特殊車両の荷台にこの部品があった。自分が見たのは一個だが、別の二個は自分がいない場所にあった」と述べているが、驚きはこれに留まらない。

「ベロネが語ったところでは、世界貿易センタービルの残骸からデマシとともにブラックボックスを発見した直後、ＦＢＩと見られる見知らぬ連邦職員が近づき、ブラックボックスについて『口をつぐんでいろ』と強要された」（注5）という。ベロネは証言する。

「連中は俺の前に立ちはだかって、『何もしゃべるんじゃないぞ』と言ったんだ。それで『ちゃんとした理由があるのか』と聞いたら、黙っている。だから『ブラックボックスの件で、黙っている気はない』と返答したんだ。なぜかって？　隠すこともないし、隠して得ることもない。それは、事実なんだから」

「他に、別の二〜三人の消防署員もブラックボックスを見ている。だが、彼らは何も話さない。俺の後に、連邦職員から同じことを言われたからだ」（注6）

政府発表を覆すブラックボックス発見の事実が記された自費出版本『グランド・ゼロ』。（http://www.summeroftruth.org/groundzero.html）

　この証言が本当なら、政府の「ブラックボックスは見つからなかった」という公式見解と完全に矛盾する。事件のカギを握る証拠を前述の交信証言記録テープと同様、隠蔽しようとする何らかの力が働いたのだろうか。

（注1）"Controllers' 9/11 Tape Destroyed, Report Says" URL http://www.washingtonpost.com/ac2/wp-dyn?pagename=article&contentId=A6892-2004May6

（注2）Sara Kehaulani Goo "FAA destroyed 911 evidence" URL http://portland.indymedia.org/en/2004/05/287757.shtml

（注3）Michel Chossudovsky "More Holes in the Official Story:The 9/11 Cell Phone Calls" URL http://globalresearch.ca/articles/CHO408B.html

（注4）第1章5参照。

（注5）Greg Szymanski "FBI Tells 911 Rescue Worker To "Shut Up" Over FindingAirplane 'Black Boxes' " URL http://www.rense.com/general64/fbi.htm

（注6）右同。

3　「インサイドジョブ」

米国で、今でもウィリアム・ロドリゲス（四五歳）の名前を覚えている人々はそう多くはないかもしれない。だが「9・11」の当日からその直後、彼の存在は全米で大きく報道された。自分の危険も顧みず煙を噴き出す世界貿易センタービル北棟に飛び込み、棟の崩壊寸前に間一髪で最後の脱出者となるまで多くの人命を救出した勇敢なるヒーローとして。

一時はブッシュ大統領にも健闘を讃えられるほどの有名ぶりだったが（http://www.911forthetruth.com/William%27s-%20pics/album2/WilliamBush2.html）、その日に地下で体験した事実を語り始めた瞬間から、マスコミ上でその名を見出すことはできなくなった。ビルの保安要員として二〇年間勤務していたプエルトリコ出身の好漢は、当日何に遭遇したのか。

この日朝、八時半に同棟地下一階にある事務所に出勤したロドリゲスは、それから一六分後にアメリカン航空のF11とされる飛行機が棟に衝突するまで、一四人の同僚とその場にいた。

「そしたら最初、地下からものすごい爆発音が聞こえた。床が震動して壁にヒビが入り、すべてが揺れ出した。二度目の爆発音も地下からで床をガタガタと動かしたが、数秒後に大きな音が今度は頭上から聞こえた。それが飛行機が衝突した音だとは、その時にはわからなかったね」

その直後、フィリッペ・デビットという同僚が「爆発だ！」と絶叫しながら突然飛び込んできた。見ると、両腕と顔にひどい火傷を負っている。事務所から約一二〇メートル離れたエレベーターの前に立っていたら、炎が隙間から噴き出したという。

ロドリゲスはすぐにデビットを抱えてビルの外に出し、再び戻ってそのエレベーター前で動けなくなっていた別の二人を救出。さらに棟の三九階まで上って自分の持っていたカギで非常ドアを開けるなど、消防士とともに大きな働きをした。その過程で、二〇階から三四階にかけても奇妙な爆発音を数回聞いている。飛行機が衝突したのは、九三階から九八階にかけてであるにもかかわらずだ。

「地下に爆弾があった」

だがこの爆発音は、二〇〇四年の「独立調査委員会」の『報告書』をはじめとする「9・11」に関連した公的文書にはなぜか一切登場しない。無論、マスコミ報道にも。彼は言う。

「ビルの地下に、爆発物があったんだ。みんなに話そうとしたんだが、誰も聞いてくれないし、聞こうともしない」（注1）

一時は取材に来たテレビ局に爆発音について話したが、放映されずじまい。それどころか接触する機会があったマスコミ関係者などから、「黙っていないと命が危ないよ」「君は誰を相手にしているのか、わかっていないようだな」などと、脅しめいたことを再三言われる始末。本人は、「衝突した飛行機の燃料が原因で火災が起き、ビルの支柱の鉄骨が溶解して全壊につながった」とする政府の「公式見解」に根本から異議を唱える結果になるからだと考えているが、この重大事実を証言しているのは、ロドリゲス一人では決してない。

彼の同僚であるジョゼ・サンチェスの証言テープによれば、飛行機衝突直前に北棟地下四階の作業場にいた際、「爆弾のような破裂音が響いて閃光がひらめいた」という。

「出口に向かおうとしたら、貨物用エレベーターから巨大な火の玉が噴き出した。一緒にいた仲間に熱気がかかり、自分の髪も焦げてしまった。あたりは煙で覆われ、『ビルの中に仕掛けられた爆弾が破裂したぞ』と叫んだのを覚えている」（注2）

それどころか南棟も含め、飛行機衝突前後に爆弾が破裂したような轟音と大きな揺れを証言しているオフィスの住人らは少なくない。しかもこのビルから約三〇キロ離れたパリサデスという町にあるコロンビア大学レイモン・ドハーティ地質観測所では、南棟が崩壊した九時五九分直前にマグニチュード二・一、北棟が崩壊した一〇時二八分直前に同二・三の「説明不可能な地震の波形」（注3）を観測器が記録している。

崩壊に伴う残骸の落下による衝撃は観測値にそれほど影響を与えないというが、「巨大な何かの地下爆発がビルの基盤を破壊し、倒壊を促した」（注4）という説も存在する。であればなおさら、この不可解な爆発について注目されてもいいはずだ。

しかし当日、三四二人の死者を出すなど、事故現場と最も密着していた消防士もロドリゲスと同じ状況のようだ。当時、ニューヨーク市予備消防隊の隊長補佐をし、後に退職したポール・アイザックは語る。

「ニューヨークの消防士たちは、ビルの倒壊について原因が隠蔽されていると思って気が動揺していた。自分以外の多くの消防士も、建物の中に爆弾があったことを知っていた。しかしその事実を話すことを上層部から禁じられているから、彼らは自分が体験したことを口にしたらクビになることを今も恐れている。それでも、確かにビルの地下には爆弾があったんだ」(注5)

攻撃計画の存在

そもそも政府の「火災原因説」には、今日までに多くの疑義が出ている。「9・11」が近代建築史上、「火災が原因でビルが全壊した」異例中の異例事態なのに、火災時間は北棟が八五分、南棟に至ってはわずか五六分しかない。規模も酸素不足からか黒煙やススが多めに観測され、コンクリートで覆われた支柱用鉄骨の機能を奪うまでの火熱がどの程度発生したのか疑問だ。

前述のロドリゲスは二〇〇四年一一月、自分が聞いた爆発音を証言するため、弁護士のフィル・ベルグがフィラデルフィア地裁にブッシュ大統領ら政府閣僚を「組織犯罪集団取り締まり法」に基づき提訴した裁判の原告に加わった。罪状は、「政府が9・11事件を起こし、あるいはその発生を事前に知りながら放置した」という内容。その根拠としてベルグは、同ビルが「爆発物によるコントロールされた破壊」であったとする「インサイドジョブ」（内部犯行）の事実を立証したいという。

そして裁判の過程で、原告側からきわめて注目すべき宣誓供述書が提出された。供述者は、国防総省と契約している私立探偵で、元陸軍伍長のチモシー・マックニーヴン。それによると、ドイツ駐留の陸軍部隊に勤務していた一九七六年当時、軍の上層部から「世界貿易センタービルを標的にし、『空港の金属探知機を避けるためにプラスチックナイフを持ったアラブの過激派が民間航空機を武器として使用し、攻撃したと見せかける』、ニセの『完璧なテロリスト計画』を考案するよう命じられた」とされる（注6）。

作成メンバーとしてミッチェル・ティーグという大佐の元に四〇人の軍人が集められ、さらに同省やＣＩＡからも職員が派遣された。大佐からは、「絶対に計画について口外するな」と厳命されていたという。

計画書がその後どこでどう扱われたかまったく不明だが、マックニーヴンは「９・11」当日に同ビルが攻撃されたのを目撃して計画との驚くべき近似性を思い出し、議員やマスコミに証言しようとしたがことごとく相手にされなかった。そのためフィラデルフィアの訴訟に協力したが、途端にＦＢＩの監視が始まる。

〇五年七月にはワシントン州の自宅のアパートに四人の職員が訪れ、「省が発行したＩＤ

カードを渡さないとここに住めなくしてやる」と脅され、やむなくそれを渡したという。

いずれにせよもし地下での爆発が事実なら、本来「テロリスト」の関与が疑われていいはずだが、なぜ事実そのものが封殺されているのか。訴訟に臨んでロドリゲスは言う。

「この数年間、誰かから『殺されるぞ』と警告されるたびに、答えてやったよ。『俺には失うものはない』ってね。真実を明らかにするためなら、可能なすべてのことをやってやるさ」(注7)

(注1) Greg Szymanski "WTC Base-ment Blast" URL http://www.democrats.com/node/5165

(注2) 同 "Second WTC Janitor Comes Forward With Eye-Witness Testimony Of 'Bomb-Like' Explosion in North Tower Basement" URL http://www.arcticbeacon.citymaker.com/articles/article/1518131/29079.htm

(注3) Christopher Bollyn "Seismic Data: Two Huge Energy Bursts Under WTC Towers New Seismic Data Refutes Official Explanation Of Collapses" URL http://www.rense.com/general60/seis.htm

(注4) 右同

(注5) Victor Thorn "Fireman Admits Again: 9-11 Inside Job" URL http://www.wingtv.net/thornarticles/paulisaac.html

(注6) Greg Szymanski "Army Theorists Crafted Model of 9/11 Attack Back in 1976" URL http: //www.reopen911.org/9-11%20plan%201976.htm

(注7) 注1と同

第四章　隠されたリンケージ

二〇〇一年九月一一日の事件が遠ざかるにつれ、人々の衝撃と恐怖に満ちた記憶が薄れていく一方で、米国では事件の政府による「公式発表」に懐疑的な見解を持つ人々が確実に増えている。それはイラク戦争での情報偽造が明らかになり、さすがにブッシュ政権に対する懐疑のまなざしが強まったこともあるだろうが、今日まで「9・11」にまつわる新事実が次々に表面化し、確実に「公式発表」の信憑性を損なっている現状も要因として挙げられるだろう。漠然と「何か政府の発表には裏があるのでは」と感じている層も含めて、そうした人々はもはやごく少数派ではない。

二〇〇四年七月には鳴り物入りで「9・11テロに関する独立調査委員会」の最終的な『報告書』が発表され、事件の全貌が一応究明されたかのような報道が主要メディアによって流された。だが懐疑傾向は衰えることはなく、逆に『報告書』自体が「公式発表」に対する疑惑を強めた感すらある。たとえば、二〇〇四年八月二四日から二六日にかけて米世論調査会社のゾグビーが実施したアンケートによると、ニューヨーク市民の四九・三％が「(政府首脳の何人かが）九月一一日かその前後に攻撃があることを事前に知っておきながら、意図的に対処しなかった」と考えている。さらに、「独立調査委員会」とは別に「(議会などで）未解明となっている疑問への全面的な究明を求める声は、実に五六・二％に達している。

さらに同社が〇六年五月に実施した世論調査では、回答者の四二％が「事件について政府のもみ消しがあった」と見なしている。また四五％は、「議会か国際裁判所が、米国政府がテロ攻撃を成功させるよう意図的に可能にせしめたり助けるかしたかどうかを含め、攻撃について再調査すべき」と考えているとの結果が出ている。米国では、このように「公式発表」についての懐疑論は定着したといえるだろう。

ただ、一口に「疑惑」といっても、その中身については必ずしも一様ではない。あえて単純化すれば、「9・11」について①政府は攻撃される以前から知りながら意図的に放置した、と見るか、あるいは②米国政府によって最初から仕組まれた――と見るかというように認識が分岐していく。

①の場合、あくまで事件は外部からの犯行と見なされる。②はそうではなく政権自体が深く関与した内部の犯行であるという説をとる。当然①では、「9・11は、オサマ・ビン・ラディンに指示された一九人のアラブ人イスラム原理主義者が四機の民間旅客機をハイジャックして起こした事件」という通説が、暗黙のうちに前提とされるだろう。だが、②ではそうした前提こそが疑いの対象となる。

言い換えれば「主犯」を「外部のテロリスト」と見なすか、あるいは政府自身とするのかという違いだが、「漠然とした懐疑論者」の大半は、①に属するように思われる。そして二〇〇五年に明らかにされた「9・11」に関する新事実の中で、とりわけ①の側の主張を裏付ける形になったのは、「エイブル・デンジャー」（Able Danger）であっただろう。

米軍は一九八七年、それまで三軍にあった各特殊部隊を再編成して「特殊作戦部隊」

（USSOCOM）を創設するが、九九年一〇月に統合参謀本部の指示を受け、その内部に人員約二〇人からなる極秘の作戦班を誕生させる。任務はコンピュータのデータマイニングで全世界のあらゆる情報を集め、「テロリスト」、とりわけ「アル・カイダ」の動向を捕捉することにあった。「エイブル・デンジャー」は、この作戦のコードネームだった。

データマイニングのために入力された情報は、世界最大規模を誇る米国議会図書館の蔵書量の実に四分の一規模にまで達したとされるが、その結果二〇〇〇年初頭までに、米国で組織を形成している「テロリスト」を特定するに至る。すなわち、九三年に起きたニューヨークの世界貿易センタービル爆破事件と、九五年にオクラホマ市で起きた連邦政府が入居するビル爆破事件の犯人と関係しているという容疑がかかった、モハメド・アタとマルワン・アルシェイ、ハリド・アルミダル、ナワフ・アルハズミの四人である。アタは「公式発表」で「9・11」の「主犯」とされ、残り三人もその「実行犯」と名指しされている。

「エイブル・デンジャー」と「実行犯」

この作戦は〇一年春までに終了するが、なぜか前年の夏にDIA（国防情報局）の手によって蓄積された情報のほとんどが消去されている。そして最初に「エイブル・デンジャー」の存在が明るみになったのは、〇五年六月に米下院議会でタカ派として知られる下院共和党のカート・ウェルドン軍事委員会副議長の演説がきっかけだった。以後、夏にかけて米国内の主要マスコミも報道したが、そこでは①「9・11」が発生する以前にその実行犯が「テロリスト」として特定されながら、なぜ米国内で逮捕できなかったか②『報告書』が「9・11」以前に「実行犯の存在はわからなかった」と記載しているのは間違いだったのか――という点に関心が集中した。

最初の問題については、「エイブル・デンジャー」の一員で、ウェルドン副議長に内部告発してその存在を暴露する役割を果たしたアンソニー・シェーファー陸軍中佐によると、軍には国内での逮捕権がないため、FBIに協力を仰ごうとして二〇〇〇年暮れに合同会議を三度にわたって企画したが、結局国防総省の判断で見送られたという。

前述の『報告書』では、「テロが防げなかった理由」として、各諜報機関の間の「共同・協力の欠如」が指摘されたが、ウェルドン副議長や同調する議員たちも同じような視点から「もしエイブル・デンジャーの情報がFBIかCIAに供与されさえすれば、テロリストは事件が起きる前に拘束されたはずだ」との批判を加えている。

だが、こうした批判は必ずしも正確とは言えないだろう。なぜなら、以下のように「エイブル・デンジャー」だけによって事前に「テロリスト」の動きが捕捉されたのではなかったからだ。

「国家安全保障局（NSA）は多数のアル・カイダ工作員の電話での会話を盗聴・記録しており、そこにはオサマ・ビン・ラディン本人も含まれていた。……FBIとCIAは、技術と人員を動員して数年間密着捜査し、アル・カイダの9・11事件実行犯を国内外で追跡してい

た」（注1）

とくに事前の追跡対象として知られているのが、例の四人のうちのハリド・アルミダルとナワフ・アルハズミだ。二人は一時、西海岸のサンディエゴのアパートで生活していたが、接触した仲間も含めてFBIに尾行・監視されており、しかも同居していたアブドゥサタル・シャイクという大学教授は何とFBIの情報提供者だった。

なおモハメド・アタも九〇年代末にドイツのハンブルクに住んでいた当時、アル・カイダのメンバーとして同国諜報機関とCIAの監視下に置かれていた。のみならずCIAはメンバーの一人を協力者として獲得することに成功し、アタに関する情報量を増大させている。ちなみにベルリンの米国大使館が、それでもアタの請求通り米国への入国ビザを発行したのは、残された疑惑になっている。

こうした事実から確認されるように、問題は「共同・協力の欠如」にあったのではない。むしろ、「献身的なFBIとCIAの捜査官は、上部に繰り返し警告してテロリストたちの逮捕許可を迫っていた。だがこうした現場からの熱心な嘆願は、政府上層部の政策決定者によって却下された」（注2）という経過があったようだ。

正統的な手法で「9・11」の謎に迫った先駆的著作の一つであるナフィーズ・モサデク・アウマド著『THE WAR ON FREEDOM』でも、次のような記述がある。

「二〇〇一年の九月が近づくにつれ、複数の信頼すべき諜報機関の警告が強度を増して表面化していた。すなわち、米国本土に対するテロ攻撃の警告である」

「ＣＩＡの確証に基づいて、ホワイトハウスの国家対テロ調整委員会は、差し迫ったアル・カイダの攻撃に関連する全国内治安・諜報機関に、七月初旬には各週毎に警戒を履行するよう呼びかけていた。同委員会の首席法律顧問であるデイビット・シッパーズによれば、早くとも五月の時点で政府筋は『マンハッタン南部の金融街』をターゲットにした差し迫った攻撃に関する信頼すべき情報を得ており、全国の諜報機関員は調査と情報の通知に対する上層部の妨害について不満を抱えていると知らせていた。ＦＢＩは世界貿易センタービル（ＷＴＣ）がそうした攻撃の最も起こりうる目標となっていることを示す特別な情報を得ていたようだ」

情報は握りつぶされていた

しかもこうした情報は、諜報機関だけに秘蔵されていたのではない。『ニューヨーク・タイムズ』紙二〇〇五年二月九日付で明らかにされた「９・11テロに関する独立調査委員会」の非公開報告書でも、米連邦航空局（ＦＡＡ）は〇一年四月から「９・11」前日にかけて、「ビン・ラディンとアル・カイダについて言及した諜報機関からの報告書を五二通受け取っていた」とされている。

また「うち五通の報告書は、特にアル・カイダの訓練やハイジャックを実行する能力について言及していた。また他の二通は自爆攻撃についても言及していた」というから、ここでも攻撃計画の細部まで事前に諜報機関が察知していた事実がうかがえる。

第二章のシベル・エドモンドの例でも示されたように、現場レベルでは「9・11」以前に相当程度まで「実行犯」の動向も、そして恐らくは彼らの「計画」も掌握していた可能性は極めて高い。同時にそうした情報がもたらされながらも、上層部が握りつぶした可能性についても同様だろう。

さらによく知られている事実として、第三国の諜報機関からも米国に対し、攻撃についての事前警告が寄せられてきたという事実がある。その典型例が、英『デイリー・テレグラフ』紙〇一年九月一六日付の以下の記事だろう。

「イスラエル諜報機関員が語ったところでは、八月に米国に対し、事件前月に米国本土の高度に名の知れた目標に対する大規模なテロ攻撃が迫っていると警告した」

「モサドの二人の上級幹部が同月にワシントンに派遣され、多く見積もって二〇〇人のテロリストの支部が存在して、ある大きな攻撃計画を準備中であるとCIAとFBIに警告した」

こうした警告は、他に報道されただけでもロシアやドイツ、英国、フランス、イタリア、アイスランド、エジプト、モロッコ、ヨルダン、アフガニスタン（旧タリバン政権）、アルゼンチン、ケイマン、そして米国と敵対国であるはずのイランも含む計一五カ国から寄せられたという。とくに注目されるのは、英国がすでに一九九九年の時点で攻撃計画を掌握していたという報道だ。

「対外諜報機関・MI6は米国に事件発生の二年前、飛行機をハイジャックしてビルに突入させる企みについて警告していた。ロンドンの米国大使館の連絡担当官は、オサマ・ビン・ラディンの配下たちが『通常ではない方法で』民間旅客機が使われる攻撃を計画しているという兆候をMI6スパイによる諜報活動から察知した後、同機関から秘密報告書にまとめられた情報を渡された。……英国外務省筋によると、『米国側は恐らくは空飛ぶ爆弾のように通常ではない方法で民間旅客機を使う計画を知っていた』という」（英『サンデー・タイムズ』紙〇二年六月九日付）。

以上の事実から、「9・11」について「意図的に放置した」論が生じるのも根拠なしとはいえない。では何のために「放置した」のか。隠された政治的意図の解明に触れた典型例を引用しよう。

「いまや、議論の余地のない事実からうかがえる政治的にまともな解釈がただ一つだけ存在する。米国の軍事諜報複合体内部の強力な勢力が、国内でテロリストによる事件が起きるのを望んだのだ。それは、中央アジアと中東への以前から計画されていた軍事介入作戦を開始する上で必要な世論の誘導を実現するためだった。そうした勢力が差し迫った攻撃の規模やターゲットを知っていようがいまいが、彼らは事前に分かっていたテロリストの逮捕を妨害して計画を実行させせたのである」（注3）

「攻撃放置」論の無理

無論、政府にとって数々の事前警告の存在と対応の不備を認めるのは、死者三〇〇〇人近くを出した事件の責任問題に直結する以上、簡単にはできないはずだ。たとえば事件直後の記者会見で、アリ・フレッシャー前報道官は「大統領が知っていた警告はなかったのか」という質問に対し、「何もなかった」と回答している。

「9・11テロに関する独立調査委員会」の動きも露骨で、前出のシェーファー中佐は二〇〇三年一〇月、アフガニスタンで同委員会の事務局長であったフィリップ・ゼリコーと会見し「エイブル・デンジャー」に関する情報を提供している。ところが一〇カ月後に出された『報告書』には何も触れていないばかりか、「事件が起きるまで諜報機関は実行犯が米国にいる事実を知らなかった」などという明確に虚偽の事実がそこには記載されている。

〇五年夏期に、「エイブル・デンジャー」の存在が論議されるようになってからの「委員会」の対応も同様だった。広報役のリー・ハミルトン前副委員長は八月、「委員会は事件前のモハメド・アタとその組織への監視に関する政府のどのような知識についても聞いてはいなかった」と、ここでも虚偽のコメントを発表している。さらにその直後に発表されたトーマス・キーン委員長と同副委員長の共同声明では、「エイブル・デンジャー」の存在が明らかになってても「委員会はもたらされた職員の報告が『報告書』の修正やさらなる調査を正当化するには信頼性が十分ではないとの結論を下した」と書かれていた。

見事なまでの政権との一体性だが、政府批判の立場から積極的に「意図的に放置した」論に立たなくとも、「エイブル・デンジャー」について「疑いなく事件後のすべての捜査に関連してくる事実」（ルイス・フリー前ＦＢＩ長官）と重要視する側からすれば、これでは「委員会」の存在価値が問われて当然ではないのか。

しかしながら、自身で、あるいは外国の諜報機関を通じて事前に攻撃に関する情報を入手しておきながら、何らかの政治目的を実現する口実に使うため米国の政府が放置し、「意図的にやらせた」――という説明は一見明解だが、どうしても現実的に無理が生じるように思える。その最大の理由は、これまでも説明してきたように、そもそも「公式発表」で「実行犯」と特定された一九人が「ハイジャック」したという証拠が、きわめて薄弱であるからに他ならない。

つまり第二章でも説明したように、①四機の乗客名簿に一九人のうち誰一人として記録がない②「自爆」したはずの一九人のうち、これまで六人（八人説もある）の生存が報道されている③現ＦＢＩ長官自身が後に「犯人と裏付ける証拠を見つけられなかった」と認めている――という、実に奇怪な事実が存在するのだ。

これでは、事件前にＦＢＩやＣＩＡが外部の「実行犯」としてすでに特定していたというメンバーが、実際に当日関与していた根拠は薄弱といわざるをえない。二〇〇三年六月段階でも、次のような指摘がなされている。

「昨年、いくつかの英国紙とともにBBCやABC、CNNによって一連のショッキングな新たなレポートが放映された後、捜査機関の上層部に対し不信が寄せられ、FBIの断定が正しかったかどうかについて疑惑が持たれている。そうしたレポートは、FBIがハイジャック犯だと断定した男たちのうち少なくとも六人が実際には生存していることを示唆していた。彼らは衝突から生存できたのではない。そもそも飛行機には乗ってはいなかったのだ。六人は自分たちの身分証明証が盗まれた被害者であると主張している。彼らは『テロリスト』とされたことに憤慨したと英『テレグラフ』紙に語っており、実際そのうち一人は米国に行ったこともなく、別の一人はサウジ・アラビアのパイロットで、事件当日チュニジアでフライト訓練を受けていたと主張している」

「こうした驚くべきニュースが流された結果、FBIのロバート・マラー長官は何人かのハイジャック犯が無実の人々の身元をかたっていたと認めるに至った。二〇〇二年九月にはCNNで二度にわたり、『自爆したハイジャック犯の身元を証明する正式な証拠』は存在しないと発言したのである。そしてこの告白後、異様な出来事が生じた。この発言に対する追及が、まったく皆無なのだ。世論は死んだように沈黙し、長官の発言問題は消えてしまった。まるで、誰もが本当に事件では何が起こったのかを知りたがらないかのようにだ」（注4）

監視カメラのミステリー

ちなみに「エイブル・デンジャー」が特定したという四人に関しても同様だ。エジプトで弁護士をしているモハメド・アタの父親は事件直後、「息子と国際電話で会話した」と証言。マルワン・アルシェイ、ハリド・アルミダル両氏は、それぞれ生存していると報道されている。

さらに、本来はあって当然の一九人の遺体検分調書も存在せず、「実行犯」が定かでないのならば、「公式発表」が根底から問われるはずで、「外部犯行」であるのか否かさえ断定は困難なはずだ。だがこれに対しては、「主犯」のアタが事件当日の空港の防犯ビデオに映っていたではないか——との批判も予想される。しかし、これについてはミステリーじみた後日談がある。

アタは当日早朝、共犯者とされるアブダルアジス・アロマリと一緒に米東海岸メイン州のポートランド空港からボストンのローガン国際空港に向かい、さらにそこからロサンゼルス空港に向かうアメリカン航空11便のボーイング767に搭乗したとされる。公開された防犯ビデオはポートランド空港の搭乗口で映っているもので、二人ともラフなシャツ姿だ。ところが奇怪なことに、同空港のユナイテッド航空チケットカウンターで働いていたミカエル・トーヘイという職員によれば、「二人はスーツとネクタイを着用していた」と証言している。

アブダルアジス・アロマリは生存しているとの報道があるが、恐らくトーヘイはアタの最後の有力目撃者になるだろう。彼は、そこでは多くないはずのアラブ系乗客であるアタについて

「その目を見たのを昨日の出来事のように覚えている」と次のように証言する。

「事件について、FBIから尋問された際に述べたことを言おう。当日、自分の目の前にいた二人の男がアタとアロマリだったと信じている。他に考えられる理由はない。……彼らは、スーツとネクタイ姿で立ち去った。彼らがそれを脱ぐのは見ていない」

その場から、映像が記録された場所まで一〇〇メートルたらずで、その間着替えなければならないような理由は見あたらない。しかもビデオカメラについてトーヘイは、尋問に訪れたFBIの職員から「数週間に渡って壊れていて、他の映像は何も記録されていない」と聞かされたという。だが三七年間このチケットカウンターで働き、最近退職したトーヘイは、「カメラが壊れたなどということはその時まで聞いたこともなかった」(注5)と驚きを隠していない。

実際の目撃談と、ビデオカメラの映像が食い違うなどという事態は考えにくく、どちらかに信憑性が欠けているはずだ。だが問題の映像を見ているはずのトーヘイが、それでも自身の記憶を信じていることの意味は軽くはないように思える。

ビデオカメラに関しては、国防総省に激突したとされるアメリカン航空77便の「実行犯」についても同じことが言える。AP通信が〇四年七月一七日に公開したワシントンのダレス国際空港の防犯用ビデオカメラには、「ザラザラしたビデオカメラでの細部は識別困難」だが、「調査委員会による『報告書』はセキュリティチェックでの男たちの行列と(様子が)一致している」という理由で、五人の「実行犯」中、四人の映像が捉えられていると断定している。

だが、ニューオリオンズの精神病学者で、独自に「9・11」をリサーチしているトーマス・オルムステッド博士が情報公開法に基づき入手した国防総省の文書によると、77便に関しては、搭乗していたという五六名の「検死リスト」に「実行犯」の氏名はおろか、アラブ系を想起させるような名前すら見あたらない（注6）。

「加害者対被害者」という幻想

第二章で触れたように、77便が本当に国防総省への衝突機であったか否かについては今なお論争が続いているが、国防総省の公式文書においてすら、「実行犯」の存在は確認されてはいないのである。では、77便に搭乗前の「実行犯」の映像とは何なのか。搭乗の映像があるとされる四人が、事故現場からなぜか消えてしまったというストーリーに、簡単にうなずけはしないだろう。それに、なぜそこでは一人だけ不在なのだろうか。

そもそもの問題は、どうやら公開された映像自体にあるようだ。通常防犯用のビデオカメラに収録された画像には、設置された機種の認識番号と日付、時間が表示されている。前述のモハメド・アタの画像も同様だ。ところがダレス国際空港に設置された防犯用ビデオカメラのこの画像に関しては、この表示が一切見あたらない。おそらく77便をめぐる何らかの訴訟で裁判になっても、この映像の証拠能力は怪しいだろう。同空港には防犯用ビデオカメラが大量に設置されているが、これでは公開された映像がどの機種に何月何日に捉えられたのか、特定するのは不可能だからだ。

のみならず、防犯用ビデオカメラはどの空港にも設置されているのに、「9・11」でペンシルベニアに墜落したとされるユナイテッド航空の93便が飛び立ったニューアーク国際空港での「実行犯」の映像はなぜ公開されていないのだろう。アタが映っているとされるポートランド空港にしても、なぜ次に乗り換えてアメリカン航空11便に搭乗したという肝心のローガン国際空港の映像が公開されていないのか。同じ空港で、ユナイテッド航空175便に搭乗した別の「実行犯」も同様だ。これらの映像はすべてFBIが押収したとされるが、「実行犯」を特定する第一級の証拠なのに、こうした怪しげなものだけが思い出したように外に出てくるのはなぜなのだろう。

このように、そもそも「公式発表」において「実行犯」の存在があまりに不確定であるならば、彼らによる外部犯行を前提としつつそれを「意図的に放置した」と断定するのも無理があるのではないか。しかしながら一方で、第三国の諜報機関の警告からもうかがえるように、少なくとも何らかの米国外における攻撃計画は存在していた可能性も否定しきれないのも確かだ。

話は錯綜するが、これまでの検証から例の一九人が「実行犯」であったかどうかは別にして、「外部」の攻撃計画者と、「内部」で事件に関与した勢力がそれぞれ存在し、各自の役割が割り振られた何らかのリンケージが形成していたのではないか——という推定が成り立つように思える。その場合、両者は「9・11」の遂行という共通の目的を有していたことになるが、これが単に空想の域に留まらせないことを物語る重要な情報が少なからず存在する。それらは、マスコミから流される圧倒的な情報量の中で多くの人々が疑いもせず信じ込んでいる加害者（テロリスト）対被害者（米国）という「9・11」の図式を覆す結果をもたらすだろう。

そしてこのリンケージこそ、パキスタンの諜報機関ISIを仲立とし、オサマ・ビン・ラディンら世に言う「国際テロリスト」と、米国の諜報機関を結ぶ厚い機密のベールに被われた実態なのだ。

ISIは要員一五万人を擁し、パキスタンの「国家の中の国家」という異名をとり、世界最精強の諜報機関と呼ばれるイスラエルのモサドに匹敵する力があるとの評価を受けている。もともと「CIA（米中央情報局）の協力と米軍の巨額な援助によって巨大な権力を獲得した」（一九九九年一一月・一二月号米『フォーリン・アフェアーズ』誌）とされ、その歴代トップの人事はすべて米国の意向が反映される。そして主な活動もCIAの意向を担い、米国が直接手を下せない秘密工作などを請け負うことから「CIAの出先機関」とも呼ばれている。

このCIA—ISIというラインにもう一つが連なることによって、「9・11」を考えるに当たって欠かせない闇のリンケージが、完成する。それがオサマ・ビン・ラディンに他ならない。そしてこのリンケージの誕生は、七〇年代末の旧ソ連によるアフガニスタン侵攻にまでさかのぼる。

当時、旧ソ連軍と親ソ連派政府軍に闘いを挑んだアフガニスタンのムジャヒディン（イスラム聖戦士）を支援するため、CIAは創設以来の大規模な秘密活動を開始。七〇年代から一九九二年までにムジャヒディンへの援助は総額二〇〇億ドル（約二兆五〇〇〇億円）、八七年だけでも供与された軍事物資は年間六万五〇〇〇トンにのぼったとされる。

さらに、世界の四〇のイスラム教国から四万人近いイスラム義勇軍が送り込まれたが、ISIはこの時、CIAの資金で義勇軍の応募や武器供与、アフガニスタン内部の軍事訓練施設建設などさまざまな役割を担った。また、ヴァージニア州にあるCIAの軍事キャンプでテロ活動訓練も行なっている。参加したメンバーの多くはイスラム原理主義者か、後にそれに加わることになる中東出身者だった。

そして、両者の共闘にさらに欠くことのできないパートナーが加わる。サウジアラビア有数の建築会社を経営する大富豪ファミリー出身で、サウジ王室とも繋がりの深いビン・ラディンであった。

彼は月額で実に二五〇〇万ドル（約三一億二五〇〇万円）もの資金をサウジアラビアや湾岸諸国から集めてムジャヒディンのために投じ、八九年にはISIが操るムジャヒディン支援組織「マクタブ・アルキダマー」の責任者となった。同時に、CIAの資金援助で、アフガニスタンとパキスタンの国境付近に多数の武器貯蔵庫やトンネル、軍事キャンプなどを建設する。

また、米国のジャーナリストらの調査では、ビン・ラディンはCIAによってティム・オスマンという偽名を与えられていた。八六年春にはカリフォルニア州のシャーマン・オークスのヒルトンホテルで、ＣＩＡの代理人とスティンガー対空ミサイルのムジャヒディンへの供与について交渉したほか、米軍基地への立ち入りや、最新兵器の見学も自由に認められていたという（注7）。

そして問題は、八九年に旧ソ連軍がアフガニスタンからの撤退に追い込まれ、旧ソ連も九一年には解体するが、このＣＩＡ―ＩＳＩとビン・ラディンの関係は冷戦後も切れることなく、米国の世界戦略の上で新たな役割を与えられていった点にある。戦場が消えたムジャヒディンはビン・ラディンとその組織とされるアル・カイダの戦力の中核として温存され、「国際テロネットワーク」へ発展するが、そうした経過から常にＣＩＡなど米国諜報機関の影がちらついているのだ。ここでは、以下の三点だけを例に挙げる。

①米共和党がクリントン政権時代の九七年に発表した報告書によると、ＣＩＡは内戦が続いていたボスニアで、ＩＳＩとともにビン・ラディンやテロ組織と関係が深いスーダンの「第三世界救援委員会」なる団体やイスラム原理主義組織、イランの革命防衛隊と協力して、イスラム勢力を支援するために秘密の武器供与作戦を展開した。

なお、オランダ・アムステルダム大学のシース・ウィーベス教授が二〇〇二年春、同国政府の秘密文書をもとに作成したレポート『ボスニアにおける諜報活動と戦争1992―95』でも、米国防総省が、「テロリスト」とされるイスラム原理主義グループと協力して、ボスニアイスラム教徒のために武器供与などを行なっていた事実が明らかにされている。

②〇二年四月二二日付英『ガーディアン』紙によると、マケドニアでは少なくとも二〇〇一年前半まで、アルバニア人武装勢力で、麻薬など犯罪組織にも関与しているコソボ解放軍（KLA）の支援下でマケドニア政府軍と闘っていたイスラム武装勢力に対し、米軍事顧問団がアル・カイダと共に支援活動を展開したという。

③「9・11」後、米国政府は中東を中心にビン・ラディンの海外送金ルートを断ち切るための調査を行なったが、なぜか「テロリスト」に使用されていると欧州などから指摘されている銀行は除外されていた。このため、「ビン・ラディンのテロの問題は、捕捉されないようになっていた。なぜなら彼は、米国政府の強い後ろ盾があるからだ」（加『トロント・スター』紙二〇〇一年一一月二七日付）という指摘も出ている。

しかもブッシュ政権登場以降も、次のような事実が報じられている。

「アフガニスタンの山岳地帯でオサマ・ビン・ラディンを追跡したCIAの対テロ作戦将校が、もし大統領と軍が捜査と捕捉に必要な資源を投入していればこのテロリストのリーダーを捉えることができただろうと発言している」

「この勲章を授けられたこともある将校のギャリー・バーンステンによれば、ジョーブレイカーと呼ばれる作戦チームが二〇〇一年暮れに同国のトラボラ地帯までビン・ラディンを追跡したが、もし軍首脳が約八〇〇人の兵力追加要求を認めていたら、ビン・ラディンを殺すか捕捉することができたと言う。だが政府はすでに対イラク戦争への準備に入っており、兵力は送られることはなく、ビン・ラディンの逃亡を許してしまった」（注8）。

米国とテロリストを仲介する機関

ここでも現場は「敵」の捕捉に血眼になっているのに、なぜか上層部がブレーキをかけるというパターンが再現している。だが、それ以上にブッシュ政権が本当に「ビン・ラディンを殺すか捕捉する」意図があったのかどうか疑わしい証言もある。

米軍が最大の支えとなっているアフガニスタン・カルザイ政権の内務省のルタフラー・マシャル広報官によれば、「ビン・ラディンは二〇〇一年のトラボラで開始された米軍の追跡作戦からかろうじて逃れたが、地方軍閥将軍のハズラ・アリの助力によるものだった。ところがアリは、米軍からビン・ラディン捕捉の任務を与えられていた」という。しかも同広報官は「米軍は、体を使ってのビン・ラディンの捕捉作戦には参加しないと言っていた」とも述べており、前述の証言に照らし合わせると、対アフガニスタン攻撃の最大の名目であったビン・ラディン逮捕に向けた作戦で、最初から米国側に抑制的な姿勢があったのは否定できない事実だろう。

さらに「9・11」で浮上したこのリンケージを探っていくと、何人かのキーパーソンが浮上してくる。その一人に、タリク・ハムディというイラク生まれの米国国籍を有する男がいる。タリクは一九八八年当時、すでに「国際的テロリスト」と名指しされていたアフガニスタンのビン・ラディンに対し、国際携帯電話の電池を供与するなど密接な関係を有していた。その一方で、サウジアラビアからの資金が供与され、「アル・カイダ」とのつながりが指摘されている米ヴァージニア州の「国際イスラム思想協会」なるシンクタンクの運営にあたっていた。

ところが現在ハムディは、米国の傀儡である「イラク新政府」の官僚として、トルコの首都・アンカラのイラク大使館に勤務しているのだ。ハムディがビン・ラディンと米国の「仲介者」であった事実は知られているが、そこで二重スパイ的な役割を果たしていた可能性もある。だがそうした人物が米国の傀儡政権で公職に就けるのは、逆にビン・ラディン本人について何かの事実を示唆しているのではあるまいか。

もう一人、若くしてビン・ラディンの後継者と目されたこともあるパキスタン系英国人のアフメド・オマル・サイード・シェイクがいる。裕福な家庭に育ち、英国の名門大学ロンドンスクール・オブ・エコノミックスで数学と統計学を専攻。学生時代から株投資を始める一方、チエスや腕相撲、マーシャルアーツで世界的な成績を残すという、およそ「テロリスト」のイメージにはそぐわないスーパーエリートだが、その活動を追うと一筋縄ではいかない闇の迷宮に入っていく。

すなわち、「二〇〇一年一〇月六日、米国政府の高官はCNNに対し、アフメド・オマル・サイード・シェイクが偽名を使って、アラブ首長国連邦からモハメド・アタに対し、約一〇万ドルを送金していたと語った。捜査当局が語ったところでは、アタは『9・11』前日にフロリダにいた共謀者に金を分配していた」（注9）という。

サイード・シェイクが「テロリスト」活動に加わるようになったのは、一九九二年にボスニア・ヘレツゴビナ紛争で劣勢に立たされていたイスラム教勢力の支援活動のため現地入りしたのがきっかけ。その後帰国するまでに、イスラム原理主義の戦士として成長していた。翌年にはカシミールでイスラム武装勢力の一員となり、そこで同勢力を支援していたＩＳＩとの強力なパイプが築かれる。さらに九四年にはアフガニスタンに姿を現し、やはりＩＳＩと密接な関係を有する「アル・カイダ」のキャンプで指導員を務め、ビン・ラディンから「わが特別の息子」とまで呼ばれるようになった。

同年にインドで誘拐事件を起こして逮捕されるが、九九年に起きたインド航空のハイジャック事件では、乗客の解放と引き替えに釈放を求めた犯人側のリストに名前があったため、要求を呑んだインド政府から出獄を許されている。その後ＩＳＩの協力でパキスタンに落ち着くが、母国の英国はサイード・シェイクが再入国するのを許可している。

この事実は、「アル・カイダ」や「国際的テロリスト」として知られる集団の本質を示唆しているが、以後はさらに密接にＩＳＩとの関係を深めながら、アフガニスタンのキャンプでは独自に通信機器の開発にあたっていたとされる（注10）。

暗部にひそむ「自由の国」の正体

そのサイード・シェイクがモハメド・アタに送金したのは、何とＩＳＩの長官のマフマド・

アーマド将軍による指示だったという事実がある。

サイード・シェイクのテロ活動に悩まされていたインドの英字紙『タイムズ・オブ・インディア』〇一年一〇月九日付の電子版では、次のように報じられている。

「インド政府筋は、この送金と長官が果たした役割とのつながりを立証するにあたって自身が顕著に貢献したのを認めた。サイード・シェイクの携帯電話番号をはじめインドが供与した情報は、FBIがこのつながりを追跡し立証するのを助けた。米国はこの送金問題に関し、他に知っていたパキスタン軍の高官がいないかどうか疑わざるを得ないようだ」

だが、アラブ首長国連邦からの送金が浮かび上がらせたISI―サイード・シェイク（「アル・カイダ」）―アタのラインに、米国が無縁だったとは到底思われない。それはISIとCIA、そして米国とビン・ラディンのそれぞれの関係を見ても理解できることだが、サイード・シェイク自身も例外ではない。

「パキスタン政府内では、サイード・シェイクのパワーがISIではなく、自身のCIAとのコネクションによるものであると強く信じられている。これが真実かどうか別にして、CIAがサイード・シェイクのように聡明で、インドとパキスタン双方にコンタクトできる若い政治犯を雇うのは理の当然かも知れない」（注11）

事実、アーマド将軍については奇怪な情報がある。「9・11」当日の朝、将軍はワシントンの国会議事堂で複数の人物と朝食をとっていた。一人は、ボブ・グラハム上院情報委員会委員長（当時）。もう一人は後にＣＩＡ長官（〇六年五月辞任）となるピーター・ゴス下院情報特別委員会委員長だった。つまり「９・11」の「実行犯」のリーダーに送金を指示した当の本人が、二人の議会の諜報関係最高責任者、しかもうち一人は後にＣＩＡ長官になるような大物と事件当日に会談していたのだ。

それ以上に驚くべきは、事件後の「真相究明」の責務を負っていたはずの議会や「独立調査委員会」がまったくこの重要事実について触れようとしなかった点だ。本来であればアーマド将軍の召喚を求めても当然のはずだが、そのような措置が取られた形跡はない。将軍も事件後、突然理由不明のまま解任された。

もはや、多くを語るまでもないだろう。「９・11」における最大の暗部の一つは、「外部の実行犯」として政府によって発表され、マスメディアによって無批判にそのように報じられている集団が、実はその政府自身と水面下の結託が認められるという事実である。したがって繰り返すように、「外部からの攻撃」と「内部での数々の疑問に満ちた行動」は、一体のトータルな動きとして見なしうる可能性が残されている。攻撃者と被攻撃者の境界は、限りなく不透明なのだ。同時にそこから私たちは、米国という国家の隠された真の実像をうかがうことができるのである。

（注１）William F. Jasper" 'Able Danger' & 9/11 Foreknowledge" URL http://www.thenewamerican.

com/artman/publish/article_2418.shtml

(注2) 同

(注3) Patrick Martin" 9/11 commission told of Atta cover-up" URL http://www.wsws.org/articles/2005/aug2005/able-a19.shtml

(注4) Timothy W. Maier "FBI Denies Mix-Up Of 9/11 Terrorists" URL http://www.prisonplanet.com/fbi_denies_mix_up_of_911_terrorists.htm

(注5) Greg Szymanski "New Questions About Real Identity of 9-11 Hijackers" URL http://www.americanfreepress.net/html/new_questions_ about.html

(注6) Thomas R. Olmsted "Autopsy:No Arabs on Flight77" URL http://www.physics911.ca/Olmsted:_Autopsy_No_Arabs_on_Flight77

(注7) Orlin Grabbe "When Osama Bin Ladin Was Tim Osman" URL http:// www.orlin grabbe.com/binladintimosman.htm

(注8) "CIA operative says Bush,military leaders let bin Laden escape" URL http://www.capitolhillblue.com/artman/publish/article_7932.shtml

(注9) "India wants terror spotlight on Kashmir" URL http://archives. cnn.com/2001/WORLD/asiapcf/south/10/08/india.ressa/

(注10) Paul Thompson "Sept.11's Smoking Gun:The Many Faces of Saeed Sheikh" URL http: //www.cooperativeresearch.org/essay.jsp? article=essaysaeed

(注11) "Did Pearl die because Pakistan deceived CIA ? " URL http:// www.pittsburghlive.com/x/pittsburghtrib/s_20141.html

成澤宗男（なるさわ　むねお）
1953年新潟県生まれ。『週刊金曜日』編集部企画委員。著書に『ミッテランとロカール　フランス社会党戦国史』（社会新報ブックレット）など。

＊初出
第1章　巨大なる迷宮
　1『週刊金曜日』2002年11月　1日（434号）
　2『週刊金曜日』2002年11月15日（436号）
　3『週刊金曜日』2002年11月22日（437号）
　4『週刊金曜日』2002年12月　6日（439号）
　5『週刊金曜日』2002年12月13日（440号）
第2章　真実を遮る影
　1『週刊金曜日』2004年　9月24日（525号）
　2『週刊金曜日』2004年10月　1日（526号）
　3『週刊金曜日』2004年10月　8日（527号）
第3章　底知れぬ暗部の彼方
　1『週刊金曜日』2005年　9月16日（573号）
　2『週刊金曜日』2005年　9月23日（574号）
　3『週刊金曜日』2005年　9月30日（575号）

「9・11」の謎　——世界はだまされた!?——

発行日　　2006年9月1日

著　者　　成澤宗男
発行人　　佐高　信
発行所　　株式会社金曜日
〒101-0061　東京都千代田区三崎町3-1-5
神田三崎町ビル6階
URL　http://www.kinyobi.co.jp
（業務部）03-3221-8521　FAX 03-3221-8522
Mail　gyomubu@kinyobi.co.jp
（編集部）03-3221-8527
Mail　henshubu@kinyobi.co.jp

印刷・製本　精文堂印刷株式会社

価格はカバーに表示してあります。
落丁・乱丁はお取り替えいたします。

ISBN4-906605-17-6　C0036
＊価格はカバーに表示してあります。落丁・乱丁はお取り替えします。

好評発売中

既刊・新刊『週刊金曜日』の出版物

単行本

この日、集合

{独話}と{鼎談}

『井上ひさし・永六輔・小沢昭一・矢崎泰久著

定価1050円（税込）

ISBN4-906605-16-8
2006年8月刊

〝何も言えなくなる前に言っておきたいことがある〟一憲法制定から60年、急遽集まった4人から私たちへのメッセージ。

一字一会（いちじいちえ）

いま、何か一つだけ、字を書くとしたら？

『週刊金曜日』編

定価2520円（税込）

ISBN　4-906605-15-X
2006年7月刊

永六輔、小沢昭一、石井桃子、落合恵子ほか、様々なジャンルの100人が選び、書いた究極の「一字」集。贈答にもおすすめです。

教育基本法「改正」のここが問題

『週刊金曜日』編

定価630円（税込）

ISBN　4-906605-14-1
2006年6月刊

高嶋伸欣・俵義文執筆。愛国心を強制する基本法「改正」の動き、与党案・民主党案の問題点が一目瞭然。高橋哲哉・佐高信対談併録。

トヨタの正体

横田一・佐高信ほか著

定価1050円（税込）

ISBN　4-906605-13-3
2006年6月刊

過労死やウツ病続出の現場、エコ戦略のまやかし、トヨタ車の真実、他。佐高信VS徳大寺有恒、鎌田慧対談収録。

JRのレールが危ない

安田浩一著

定価945円（税込）

ISBN4-906605-12-5
2006年4月刊

レール破断が相次ぐJR東日本。高架・橋梁がボロボロのJR西日本。民営化以降、効率を追うJRで何が起こっているのか？

のんではいけない薬

必要な薬と不要な薬

浜　六郎著

定価1050円（税込）

ISBN4-906605-09-5
2006年5月刊

「毒」にもなる様々な薬のリスクを警告！
安易な使用で逆効果、「病気」になることも。
気になる薬がズバリわかる便利な索引付き。

好評発売中

既刊・新刊『週刊金曜日』の出版物

単行本

日本国憲法
Present for You &Present from You
『週刊金曜日』編
定価840円(税込)
ISBN4-906605-11-7
2006年4月刊

あなたへの、そして、あなたからの贈り物 − 日本国憲法。条文がカラー・イラストのポストカードになりました。プレゼントにも最適です。

「日本百名山」と日本人
(貧困なる精神T集)
本多勝一著
定価1155円(税込)
ISBN4-906605-10-9
2006年4月刊

『貧困なる精神』シリーズ最新刊。副題「メダカ社会の共鳴現象」。硬派ジャーナリストの痛烈な批判精神が社会の欺瞞を暴く!

『買ってはいけない』シリーズ

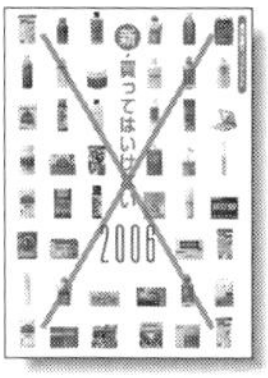

新・買ってはいけない2006
境野米子・渡辺雄二著
定価735円(税込)
ISBN4-906605-06-0
2005年12月刊

『買ってはいけない』の第3弾。新シリーズで登場。安全・安心を願う消費者必携。
読みもの「知ってはいけない!?」も必読。

買ってはいけない Part 2
『週刊金曜日』編
定価1050円(税込)
ISBN4-906605-04-4
2002年11月刊

好評『買ってはいけない』第2弾。今回も実名で検証。共通索引、「買ってはいけない」商品の“その後”も報告。

買ってはいけない
『週刊金曜日』編
定価1050円(税込)
ISBN4-906606-03-6
1999年5月刊

食べ物・飲み物・薬・化粧品・洗剤ほか、CM等でおなじみの人気商品を検証します。200万部のベストセラー。

★お求めは最寄りの書店、または(株)金曜日業務部へ。
送料は合計4冊までは200円、5冊以上は送料無料定期購読者が支える雑誌です。

週刊 金曜日

毎週金曜日発売　定価500円（税込）

半年購読24冊　11,760円（1冊490円）／年間購読48冊　23,000円（1冊479円）
2年購読96冊　43,200円（1冊450円）／3年購読144冊　57,600円（1冊400円）

月々自動引落し払い（月平均2000円）もあります。

※代金は1冊500円×その月の冊数。お手続きは簡単。専用用紙に必要事項をご記入・ご捺印の上、ポストに投函していただくだけです。用紙を金融機関窓口に提出いただく必要はありません。（月々払いでも最低半年間以上の継続購読をお願いしております）。

〈編集委員〉

石坂　啓　落合恵子　佐高信　椎名誠　筑紫哲也　本多勝一

もっとくわしい内容を知りたい！

●宣伝パンフレット・見本誌進呈

●ホームページ
http://www.kinyobi.co.jp/

どうやって申し込むの？

●申し込み専用フリーダイヤル
0120-004634《まるまる読む雑誌》（月〜金9:30〜17:30受付）

●FAX（専用フリーダイヤルFAX）
0120-554634《個々読む雑誌》（24時間受付）

●電子メール
koudoku@kinyobi.co.jp

●郵送
〒101-0061東京都千代田区三崎町3-1-5
神田三崎町ビル6階　『週刊金曜日』

＊本書に挟みこまれているハガキをご利用ください。
＊廃刊・休刊の場合を除き、本誌発送後の途中解約による返金には応じかねますので、ご了承ください。